SETE RAZÕES PARA AMAR A FILOSOFIA

GIUSEPPE CAMBIANO

Título original:
Sette ragioni per amare la filosofia

Tradução: José Serra

Revisão: João Moita

Capa: Papertalk
Na capa: «The School of Athens» by Raffaello Sanzio da Urbino

Depósito Legal n.º 471155/20

Biblioteca Nacional de Portugal – Catalogação na Publicação

CAMBIANO, Giuseppe

Sete razões para amar a filosofia. – (Extra-coleção)

ISBN 978-972-44-2316-6

CDU 1

Paginação:
João Jegundo

Impressão e acabamento:
Publito - Braga
para
EDIÇÕES 70
julho de 2020

EDIÇÕES 70, uma chancela de Edições Almedina, S.A.
LEAP CENTER – Espaço Amoreiras
Rua D. João V, n.º 24, 1.03 - 1250-091 Lisboa – Portugal
e-mail: editoras@grupoalmedina.net

SETE RAZÕES PARA AMAR A FILOSOFIA

GIUSEPPE CAMBIANO

70

Índice

Introdução

Este livro dirige-se, em primeiro lugar, aos jovens que se aproximam, ou pretendem aproximar-se, do estudo da filosofia, mas dirige-se também a todos aqueles que se sentem curiosos em relação à atividade que dá pelo nome de filosofia. Aqui, porém, não se narram as vicissitudes da filosofia no Ocidente no lapso de cerca de 2500 anos: tais vicissitudes encontram-se expostas e narradas em livros sobre filósofos ou correntes filosóficas, ou em manuais de história da filosofia. Também não é intenção substituir a leitura direta dos textos dos filósofos, sobretudo daqueles que marcaram momentos particularmente significativos. Este livro é, ao invés, um convite para se fazer a experiência da leitura de textos filosóficos e adquirir alguns conhecimentos sobre a história da filosofia. Tal como no caso de qualquer convite para ir a espetáculos, concertos, eventos desportivos, debates, festas ou almoços de convívio, também aqui se espera que os eventos promovidos sejam apreciados. Para mostrar que pode valer a pena fazer esta experiência e, eventualmente, chegar a amar a filosofia, apresentam-se sete razões. Baseiam-se em aspetos gerais que, sob formas e graus diversificados, estão presentes na atividade filosófica que se desenrolou no Ocidente ao longo dos muitos séculos da sua história e ainda hoje são praticados. Trata-se de atitudes e capacidades que podem ter utilidade e aplicação também nos âmbitos da vida do dia a dia, amiúde de maneira inconsciente, na escolha dos modos de viver e de criar relações com pessoas mais ou menos próximas de nós e com as sociedades em que vivemos, com momentos importantes do passado que provavelmente continuam a condicionar o nosso presente, com culturas diferentes da nossa. São atitudes que ajudam também a avaliar e a orientar o que se diz ou o que se faz habitualmente, ou se encontra formulado em textos impressos ou nos ecrãs dos computadores, para tentarmos ser livres em relação a eles, sem sofrermos passivamente condicionamentos ou pressões externas.

As sete razões formam o conteúdo dos sete capítulos do livro e baseiam-se, cada uma, em aspetos próprios da atividade filosófica: 1) formular perguntas, que perguntas e como formulá-las; 2) usar palavras e que palavras usar para responder a essas perguntas; 3) responder não apenas com simples afirmações ou visões globais do mundo, mas mediante raciocínios que almejem justificar e tornar aceitáveis tais respostas; 4) apreciar o valor da discordância entre filósofos, que apresentam, com frequência, respostas alternativas a determinados problemas, mas sempre acompanhadas de argumentação, para aprender a avaliar o peso dos vários raciocínios e a não cair em formas de dogmatismo ou fanatismo; 5) abrir os horizontes e ultrapassar barreiras, não ficar fechado exclusivamente num âmbito especializado, mas entretecer relações com conceções do mundo próprias das religiões ou de obras literárias e cinematográficas e produtos artísticos em geral, e, sobretudo, com as respostas a determinados problemas formuladas ao longo dos séculos por várias ciências (contra a chamada oposição entre as duas culturas); 6) compreender os outros, as suas palavras e os seus escritos, incluindo outros tempos e outras gerações, compreender porque é que no passado se colocaram determinados problemas e por que razão se lhes deram determinadas respostas; 7) compreender outros mundos, ou seja, o facto de o pensamento não ser prerrogativa exclusiva do Ocidente, muito menos dos filósofos, mas ter expressão escrita igualmente complexa, embora diferente, noutros lugares geográficos, sobretudo na Índia, na China, no Japão e no mundo islâmico. Daqui a utilidade de instituir formas de cotejamento com estas diferentes formas de pensamento, também com a finalidade de melhor esclarecer aspetos e eventuais limites dos modos de pensar que se tornaram dominantes no Ocidente.

A exposição destas sete razões exigiu naturalmente que se aludisse a problemas, doutrinas e tipos de raciocínio filosófico, mas sem lhes dar uma exposição articulada e evitando o mais possível a utilização de expressões técnicas. Também para deixar aos leitores o gosto de ulteriores descobertas, optei por referir pouco os filósofos individualmente, ainda que quem já esteja informado sobre a história da filosofia facilmente identifique os autores e as correntes que deram expressão a essas doutrinas filosóficas. Preferi, ao invés, elucidar estas razões através de acontecimentos, comportamentos ou afirmações de personagens de obras literárias ou cinematográficas que representam de maneira intensa o facto de as perguntas e respostas filosóficas terem relevância também no plano da vida quotidiana dos indivíduos, tanto na esfera privada como na esfera pública. Isto também com o objetivo de perceber melhor as crenças comummente disseminadas e partilhadas, para, eventualmente, as pormos em causa, de modo a sermos mais conscientes e livres quando assumimos atitudes e posições próprias e fazemos as nossas escolhas. Bertrand Russell, no século passado, disse que o homem sem filosofia

> passa pela vida fechado nos preconceitos ditados pelo senso comum, pelas opiniões mais comuns do seu tempo e da sua terra e pelas convicções criadas na sua mente sem a colaboração nem o consentimento da vontade e da razão. Para semelhante homem, o mundo tende a tornar-se definido, finito, óbvio; os objetos da vida quotidiana não levantam problemas, e as possibilidades insólitas são rejeitadas com desprezo.

A filosofia, ao invés, «sabe sugerir muitas possibilidades que alargam o horizonte dos nossos pensamentos, libertando-os da tirania da habituação», sacode o dogmatismo arrogante «e mantém desperto o nosso espanto». Talvez Russel fosse demasiado drástico e, simultaneamente, demasiado otimista ao atribuir este poder extraordinário à filosofia. Trilussa, poeta romanesco [que escreve no dialeto de Roma, *NdT*], compôs um poema em 1940 intitulado *La fine der filosofo* [«O Fim do Filósofo»], em que diz:

Assim que entrou na floresta virgem
o Professor de Filosofia,
todos os macacos desceram das árvores
com a intenção de o expulsar.
Mas o Homem disse: – Não, não é possível
que eu volte a ser filósofo
numa sociedade cheia de ardis
em que a Ação engana o Pensamento.
Hoje, o que conta são os músculos:
Com a razão não se faz um chavo...
Melhor ser macaco! –
E o pobre filósofo
Trepou por um coqueiro acima.

Porventura, também Trilussa foi demasiado drástico na sua conclusão: em boa parte, os filósofos não procuraram fugir aos problemas postos pelo mundo em que viviam, fugindo para outro mundo; aliás, amiúde tentaram mesmo mudá-lo, ainda que raramente com sucesso e nem sempre para melhor. Porém, não há dúvida de que «é quase impossível – como dizia, no séc. XVI, Lichtenberg, estudioso alemão de física – levar a chama da verdade para o meio da multidão sem chamuscar a barba a alguém». De qualquer forma, a estas sete razões é possível acrescentar uma oitava, recordada por um historiador inglês do século passado, segundo o qual a máxima mais estúpida de todas é a seguinte: «É melhor não saber nada do que saber pouco.»

Capítulo 1

FAZER PERGUNTAS

1. São inúmeras as coisas ditas, escutadas ou feitas sobre as quais não nos questionamos porque foram ditas ou feitas. A vida quotidiana acabaria por se paralisar se, de vez em vez, tivéssemos de fazer esta pergunta. O que não impede que a vida, em todas as suas idades, da infância até à velhice, seja atravessada por inúmeras perguntas. Estas nascem quando se sente que falta alguma coisa e, portanto, quando se tem o desejo de ir em busca dessa coisa. Muitas perguntas são dirigidas a outros para se obterem bens materiais, mas também rendimentos, trabalhos ou comportamentos, afetos, amizade ou amor. Uma personagem de um romance de Achille Campanile, *In campagna è un'altra cosa (c'è più gusto)* (1931), faz as seguintes observações sobre a arte da pergunta:

> para obtermos algumas coisas, basta perguntar: a hora, a esmola, etc.; outras coisas, devemos evitar pedi-las se as quisermos obter; devemos antes roubá-las (um beijo, etc.), ou fazer com que no-las ofereçam (um cigarro), ou limitar-nos a fazer uma vénia (a gorjeta); outras coisas obtêm-se pelo modo como são pedidas: um encontro galante, dinheiro, honras e trabalhos; por vezes, pede-se uma coisa com a finalidade de obter outra. Por exemplo, a mão de uma donzela.

Existem, porém, perguntas cuja finalidade é a de obter informações sobre pessoas, coisas, lugares, acontecimentos. Entre elas ocupa posição de relevo a pergunta «porquê?», que logo nos primeiros anos de vida emerge com especial frequência, juntamente com a pergunta «o que é?», a propósito de uma coisa vista pela primeira vez. O escritor de livros para crianças Gianni Rodari disse uma vez que «o jogo dos porquês é o jogo mais antigo do mundo. Ainda antes de aprender a falar, o homem devia ter na cabeça um grande ponto de interrogação.» Num dos seus livros contou a «história de um Porquê»:

> Era uma vez um Porquê que estava num dicionário de língua portuguesa na página 819. Aborreceu-se de estar sempre no mesmo sítio e, aproveitando a distração da bibliotecária, pernas para que te quero, aliás, «perna» para que te quero, já que fugiu a saltitar com a patinha do «p». Começou logo a incomodar a porteira.
>
> – Porque é que o elevador não funciona? Porque é que o administrador do condomínio não o manda arranjar? Porque é que não há luz na escada do 2.º andar?
>
> A porteira tinha mais que fazer do que responder a um Porquê tão curioso. Espantou-o dali com a vassoura para a rua e avisou-o severamente para que nunca mais voltasse.
>
> – Porque me estás a expulsar? – perguntou o Porquê muito indignado – Porque eu disse a verdade?
>
> E foi-se pelo mundo, com aquele hábito feio de fazer perguntas, curioso e insistente como um cobrador de impostos.
>
> – Porque é que as pessoas atiram papéis para o chão ao invés de os porem no caixote do lixo?
>
> – Porque é que os automobilistas têm tão pouco respeito pelos pobres peões?
>
> – Porque é que os peões são tão imprudentes?
>
> Não era um Porquê: era uma metralhadora de perguntas e não poupava ninguém [...]. A Polícia tomou conhecimento de que havia um Porquê assim e assado, mais ou menos alto, que tinha fugido da página 819 do dicionário. Mandou imprimir uma fotografia e distribuiu-a por todos os polícias com a seguinte ordem: «Se o virem, prendam-no e ponham-no a ver o sol aos quadradinhos» (e mandou afixar cartazes). «Porque é que

me querem pôr a ver o sol aos quadradinhos? – perguntava-se o pobre Porquê, chuchando num dedo em frente a um dos cartazes. – Porventura, a lei castiga os pontos de interrogação?» Procuraram-no, procuraram-no, mas nunca mais ninguém lhe pôs a vista em cima. Prendê-lo, pois, não o conseguiriam nem todos os polícias do mundo, que são milhões e falam muitas línguas. Escondeu-se muito bem, o nosso Porquê: um pouco aqui, um pouco ali, em todas as coisas. Em todas as coisas que vês existe um Porquê.

É certo que há quem não faça perguntas nem pretenda fazê-las. Solução extrema incarnada pela personagem do romance *Oblomov* (1859) do escritor russo Ivan A. Gontcharov, a qual assume uma postura apática perante todas as coisas e acontecimentos, não por razões teóricas, mas porque sente que tudo é inútil. Nas aulas, Oblomov «não fazia nenhuma pergunta e não pedia explicações de nada. Ficava satisfeito com o que estava escrito no caderno e não mostrava curiosidade, nem mesmo quando não percebia nada do que ouvia ou estudava». Assim, «deitava-se no simples e amplo caixão da sua existência remanescente», triunfando interiormente «por ter escapado das tormentosas e entediantes exigências e tempestades da vida», sem grandes alegrias nem grandes sofrimentos, sem esperanças ilusórias nem fantasias de felicidade: «a elas renunciara, encontrando paz na sua alma apenas no seu cantinho esquecido, longe de qualquer movimento, de qualquer luta, da vida». A renúncia às perguntas é, portanto, de algum modo, também renúncia à vida. Pode-se tentar durante muito tempo fugir a toda e qualquer pergunta, mas permanece sempre aberta a possibilidade de situações que obrigam a pô-las. É assim que o protagonista do romance *Pastoral Americana* (1997), do escritor americano Philip Roth, descobre inesperadamente que a filha se tornou terrorista, envolvida num atentado com vítimas, e então constata que «pior do que fazer perguntas demasiado cedo na vida, é fazer perguntas demasiado tarde». De facto, «nunca na sua vida se perguntara "porque é que as coisas são como são?". Porque haveria de o fazer se, para ele, as coisas tinham sido sempre perfeitas? Porque é que as coisas são como são? Uma pergunta sem resposta, e até a esse momento tinha sido feliz ao ponto de ignorar inclusivamente que a pergunta existia». E é então que começa a colocar-se uma série impressionante de questões – em torno das quais gira grande parte do romance – sobre o seu relacionamento com a filha no passado, para ver onde errara, o que acontecera com ela, para procurar entender as razões do sucedido.

É sobretudo nas situações extremas que se sente dolorosamente como elas são importantes. Como conta Primo Levi, prisioneiro num campo de concentração durante a Segunda Guerra Mundial:

> Cheio de sede, lobriguei, do lado de fora de uma janela, um belo sincelo ao alcance da mão. Abri a janela, parti o sincelo, mas logo surgiu um tipo grande e forte que vagueava lá fora e mo arrancou, à bruta, da mão. – *Warum?* – perguntei-lhe no meu pobre alemão. – *Hier ist kein Warum* – (aqui não existe porquê), respondeu-me, mandando-me para dentro com um empurrão.

Onde não há liberdade não há espaço para perguntas. Nos campos de concentração, aliás, fazer perguntas era um «tormento inútil». Aqui – diz Levi –, a cultura

> conseguia embelezar qualquer hora, criar uma ligação fugaz com um camarada, manter a mente viva e sã. Certo, não era útil para orientar nem para perceber... A razão, a arte, a poesia não ajudam a decifrar o lugar de onde foram expulsas. Na vida quotidiana do «calabouço», feita de tédio entretecido de horror, era salutar esquecê-las, do mesmo modo que era salutar aprender a esquecer a casa e a família.

Tentar perceber, no campo de concentração, era um desperdício de energias que era mais útil utilizar na luta diária contra a fome e o cansaço. «O homem simples, habituado a não se questionar, salvaguardava-se do inútil tormento de perguntar porquê.» Perguntar porquê é, portanto, um privilégio de que habitualmente não se tem consciência. E, por isso, talvez não devêssemos desperdiçar este privilégio da liberdade de fazer perguntas.

O apólogo de Rodari é instrutivo para se compreenderem muitos aspetos do que é a filosofia. Antes de mais, sublinha que tudo pode ser objeto de pergunta. Em particular, quando se trata de coisas difíceis, sobre as quais existe total ignorância, como nas adivinhas. A esfinge pergunta a Édipo: «Qual é o animal que pela manhã tem quatro pés, ao meio-dia dois e à tarde três?» A resposta certa é: o homem. Édipo chega lá, pois tem em conta os diferentes meios de locomoção nas várias idades do homem: com as mãos e os pés em criança, com os dois pés em adulto e com os pés e a bengala quando velho. O conto *Zadig* (1747) de Voltaire retoma o conhecido tema da princesa que ficará noiva daquele que superar determinadas provas, como por exemplo, precisamente, a de responder à adivinha: «Qual é, de todas as coisas do mundo, a mais longa e a mais curta, a mais rápida e a mais lenta, a mais divisível e a mais extensa, a mais negligenciada e a mais irreparavelmente lamentada, que devora tudo o que é pequeno e que vivifica tudo o que é grande?» Zadig, o protagonista do conto, responde: o tempo, resolvendo, assim, a adivinha. Com efeito, nada é mais longo do que o tempo, já que é medida da eternidade, e nada é mais curto, porque escasseia sempre em todos os nossos projetos; nada é mais lento para quem espera e nada mais rápido para quem se alegra; o tempo estende-se até ao infinito grande e divide-se até ao infinito pequeno; todos os homens o descuram e todos lamentam a sua perda; nada se faz sem ele, que faz esquecer tudo o que é indigno das recordações dos vindouros e torna imortais as coisas grandes. Também em *Turandot*, de Giacomo Puccini, obra que ficou incompleta pela morte do autor em 1924 e que trata de uma fábula de Carlo Gozzi, a princesa propõe três enigmas aos seus pretendentes: se não conseguirem resolvê-los serão executados. Nas adivinhas, porém, tal como nos enigmas ou nos problemas, quem faz a pergunta já conhece a resposta: esta existe, trata-se apenas de descobri-la, tarefa confiada a quem tem de resolver a adivinha. Ao invés, as perguntas dos filósofos não têm respostas antecipadamente descobertas: são eles próprios que procuram encontrá-las, e não está escrito em lado algum que tais respostas façam desaparecer por completo as perguntas que as originaram.

As perguntas para saber alguma coisa podem aplicar-se a tudo e assumir formas variadas: «porquê?», «que coisa?», «gostaria de saber se». Elas nascem precisamente da constatação de que não se sabe alguma coisa e, em simultâneo, de que se deseja sabê-la. O que suscita as perguntas é a curiosidade e o espanto que se pode experimentar perante coisas desconhecidas ou difíceis. Confirma-o Dante em *O Banquete*: «o espanto é um assombro do espírito por grandes e maravilhosas coisas ver ou ouvir ou, de alguma forma, sentir: que, por parecerem grandes, são reverenciadas por quem as sente: por parecerem admiráveis, são apetecíveis de conhecer». Em geral, aquilo que se está sempre à vista não suscita perguntas: por exemplo, a posse do próprio corpo não é, geralmente, posta em discussão, é assumida como dado adquirido, de cuja importância, porém, nos damos conta no momento em que ele é atingido ou mutilado. Mas também as coisas que nos parecem familiares e óbvias podem, por vezes, gerar inesperadamente espanto e introduzir uma mudança na própria vida. Na novela *Il treno ha fischiato* (1947), Luigi Pirandello mostra que a inesperada perceção de um facto trivial e rotineiro pode levar a pôr em causa o mundo onde se vive. Um empregado habitualmente calmo e submisso, certa manhã, inesperadamente, revolta-se contra o seu chefe que o admoestou por ter chegado atrasado e por não fazer nada durante o dia. À pergunta do chefe sobre o motivo de tal rebelião, ele responde que o comboio apitou, e é dado como maluco. Na realidade, ao ouvir o comboio apitar tinha-se-lhe aberto um universo de lugares possíveis para onde podia partir em imaginação, desde a Sibéria até às florestas do Congo. Um acontecimento, no fundo, habitual tinha-o despertado repentinamente da sua vida rotineira, numa família com mulher, sogra e irmã da sogra, as três cegas, que queriam ser servidas, mantidas com o seu salário, no meio de discussões contínuas, e por isso durante muitos anos tinha-se esquecido de que «o mundo existia». Ao ouvir o apito do comboio, vindo «quase de um sepulcro destapado, deu por si a vaguear ansiosamente pelo vazio arejado do mundo», onde milhões de homens viviam de maneira diferente da sua.

Em *Canto notturno di un pastore errante dell'Asia* (1831), Leopardi coloca na boca do pastor a seguinte pergunta: «Que fazes tu, lua, no céu? Diz-me, que fazes / silenciosa lua?» Ele compara a sua vida à vida da lua: «tu certamente compreendes / o porquê das coisas, e vês o fruto / da manhã, da noite, / do tácito, infinito andar do tempo», mas isso levanta outras questões: «que faz o ar infinito, e aquele profundo / infinito sereno? Que significa esta / solidão imensa? E eu o que sou?» Outro belo conto de Pirandello, *Ciaula scopre la luna* (1907) narra a história de um pobre mineiro de uma mina de enxofre que tem pavor do escuro da noite. Certa vez, após ter trabalhado o dia inteiro, teve de trabalhar também de noite, e, ao transportar a carga, viu-se obrigado a sair da mina, mas nos últimos degraus viu crescer «uma deliciosa claridade de prata», como se tivesse nascido de novo o sol que se tinha posto antes de ter descido à mina: «Grande, plácida, como num fresco, luminoso oceano de silêncio, estava à sua frente a Lua. Sim, ele sabia o que era; mas sabem-se muitas coisas sem lhes dar importância [...]. Agora, só agora, ao sair de noite do centro da terra, ele a descobria», e «desatou a chorar, sem saber, sem querer, pelo grande conforto, pela grande doçura que sentia, ao tê-la descoberto ali [...], esquecida dele, que dela já não tinha medo, nem já se sentia cansado, na noite».

2. É necessário, porém, fazer a distinção entre o espanto ou a maravilha de onde brotam as perguntas filosóficas e a simples curiosidade por acontecimentos da vida de pessoas conhecidas diretamente ou personagens públicas – atores, jogadores de futebol, ministros –, curiosidade, por vezes, malsã, tal como a curiosidade mórbida em relação aos crimes que grassa na televisão. Dá a sensação – diz Pirandello – de

> que há esta necessidade de saber que coisa acontece com os outros ou como é para os outros a vida, e o que dela se pensa e se diz. Necessidade de viver fora, nesta curiosidade da vida dos outros, ou de preencher o vazio da nossa, distrair-nos dos problemas, das preocupações que nos dá. E assim passar o tempo. Aconteceu uma desgraça? Um caso estranho? Como é? Como se explica? Corre-se para ir ver, para ouvir.

A moda enterra o espanto autêntico e, portanto, a necessidade de fazer perguntas, pois torna óbvio inclusive aquilo que até poderia parecer extraordinário e admirável: «todos o fazem», por isso eu também o faço. Sublinhava isso mesmo, com o seu habitual gosto feroz pelo absurdo, o já citado Achille Campanile no início do seu romance *Se la luna mi porta fortuna* (1928):

> É pena que o espetáculo do nascer do sol se desenrole de manhã cedo. Porque é que ninguém o vai ver? Por outro lado, como é que alguém

consegue levantar-se àquela hora? Se o espetáculo fosse à tarde ou, melhor ainda, à noite, seria outra coisa. Assim como é, fica completamente deserto e é desperdiçado. Se um empresário genial o pusesse na moda, veríamos a multidão elegante encaminhar-se a tempo para o campo e ocupar os melhores lugares; nesse caso, pagaríamos até bilhete para assistirmos ao nascer do sol e alugaríamos binóculos. Mas, por agora, apenas vê o espetáculo um ou outro raro camponês que nem sequer o honra com um olhar e prefere ocupar-se de batatas ou tomates.

E, no entanto, o sol «não descura nada que possa enriquecer o espetáculo [...] Oh, raiva! Mais uma entrada falhada: um ressona aqui, outro ressona ali, todos dormem como pedras e ninguém viu».

O apólogo de Rodari mostra que as perguntas podem ser particulares, a respeito de coisas, pessoas ou acontecimentos individuais – o elevador, a lâmpada, o administrador –, mas também gerais, isto é, podem dizer respeito a grupos de indivíduos com características comuns, como as do comportamento dos automobilistas e dos peões. Predominantemente ligadas a situações individuais parecem ser os «porquês» das crianças, de quem o poeta Eugenio Montale dizia que «aquilo que têm entre os pés / é o presente que avança». A criança pergunta porque é que certo brinquedo é feito de certa maneira ou porque é que a mãe lhe grita ou a proíbe de pôr os dedos na tomada ou a manda cumprimentar a avó. Até perguntas que aparentemente são gerais como, por exemplo, «porque é que a bola rebola para baixo?» ou «porque é o automóvel anda?» ou «porque é que o cão ladra?», na realidade, dizem respeito àquela bola específica, àquele automóvel específico e àquele cão ali presente ou por perto no momento. Até mesmo a pergunta clássica «de onde vêm os bebés?» é, na sua origem, segundo Freud, «de onde vem este bebé específico, sobretudo, este maninho ou maninha, que me incomoda?». É da comparação com outros objetos ou comportamentos do mesmo tipo que lentamente as perguntas assumem um alcance cada vez mais geral. Mas as perguntas também emergem na idade adulta e na velhice, como quando perante a proximidade da morte nos questionamos sobre o sentido da vida que se viveu, isto é, que factos ou razões justificam a nossa vida como um tempo feito de experiências que mereciam ser vividas ou que se revelaram um fracasso. Este aspeto corresponde àquilo que na linguagem cinematográfica se chama *flashback*, utilizado em inúmeros filmes e também em numerosas obras literárias, como – para citar dois exemplos notáveis, ainda que diferentes – *A Morte de Ivan Iliitch* (1886) de Tolstói ou *As Memórias de Adriano* (1951) de Marguerite Yourcenar. Nesses casos, estas perguntas não procuram respostas gerais para transmitir a outros, mas estão estritamente ligadas ao indivíduo feito de uma miríade de experiências, encontros, relacionamentos que só a ele pertencem. É sobretudo na adolescência, quando se adquire progressivamente o sentido de liberdade pessoal e a necessidade de não seguir passivamente aquilo que os outros dizem e fazem, que se enrobustece a capacidade de pensar. Vai-se formando a capacidade de fazer perguntas sobre aspetos gerais do mundo e da vida, para tentar compreendê-los e percebê-los independentemente das situações específicas. Como diz Montale no poema «Fine dell'infanzia» (presente na coletânea *Ossi di seppia*, 1925), «Chegava também para nós a hora que indaga. / A infância estava morta de uma única penada». E, geralmente, as respostas vindas dos outros não nos satisfazem, sobretudo quando vêm dos que nos são mais próximos. Por exemplo, os pais podem ser, como diz Philip Roth no já citado romance: «os exemplos, os algozes, as autoridades morais, os resmungões do "arruma isso" e do "vê lá se não chegas tarde", os cronistas dos deveres e das obrigações do dia-a-dia».

Não devemos, porém, pensar que as perguntas gerais e as perguntas particulares são incompatíveis, aliás, amiúde podem mesmo entrelaçar-se. É o caso típico do médico que faz perguntas ao paciente para perceber, pelas respostas dele, quer, em geral, a doença de que padece, quer as suas reações pessoais, físicas ou emocionais ao sofrimento ou à dor que põem em causa a sua identidade e integridade. Por outras palavras, o médico – ou, melhor, o bom médico – demonstra, com as suas perguntas, que está interessado na doença mas também na pessoa do doente. Os filósofos partilham a ânsia pelas perguntas de carácter geral que emergem, por vezes, também na vida quotidiana. Mas de que tipo são as suas perguntas? O universo que vemos está povoado por uma miríade de coisas diferentes, astros, montes, mares, árvores, animais, homens, mas também se caracteriza por acontecimentos que se sucedem regularmente, como as estações ou os fenómenos meteorológicos ou o nascimento de ser vivos a partir de outros seres vivos a eles semelhantes. Quando estas coisas e acontecimentos produzem maravilha e espanto, perguntamo-nos por que razão eles são o que são e do que é que depende a repetição regular destes acontecimentos. É daqui que nascem tanto a filosofia como a ciência – originalmente indistintas –, já que ambas se caracterizam pelo desejo de encontrar respostas a perguntas, ou seja, pelo desejo de «saber». O termo de origem grega «filosofia» significa precisamente amor pelo saber. Trata-se de conhecer, em primeiro lugar, como é feito o mundo em geral, mais do que conhecer coisas específicas ou acontecimentos. As respostas são frequentemente procuradas naquilo que, em tempos antiquíssimos, se chamava «natureza», isto é, no próprio universo, mais do que na obra de agentes divinos mais ou menos externos a ele. Daqui nascem as interrogações sobre se todos os fenómenos naturais são resultado da ação de um único ou de mais componentes do cosmos, e se tais componentes podem ser reconhecidos em algo visível, ou então em constituintes invisíveis ao olho humano, como os que foram designados de átomos, isto é, partículas pequeníssimas indivisíveis. Mas também o homem e a sua posição no universo representam um problema. O homem é uma entidade entre as outras ou ocupa uma posição privilegiada no universo em que tudo o resto existe em função da sua vida? No primeiro sentido, o homem pode ser considerado uma parte da natureza, capaz de percecionar e de se mover como os outros animais, ou então podemos questionar-nos se existe algo que o distingue dos outros animais.

Mais em geral ainda, o que quer dizer que uma coisa «é»? Amiúde, esta expressão é considerada equivalente a «há» ou «está», ou seja, «existe», diz respeito a algo que posso ver ou cuja existência, de alguma forma, consigo certificar. Neste sentido, pode dizer-se que há (ou existe) uma padaria da esquina, ainda que neste momento não a veja, mas que vi anteriormente ou soube por outras pessoas que existe. Mas se disser que há (existe) uma crise económica, como faço para me certificar da sua existência, dado que ela não é diretamente percetível através dos órgãos dos sentidos como uma coisa específica, mas resulta do conjunto de uma série de fenómenos variados? As coisas, porém, não terminam aqui, porque a expressão «é» é usada também para atribuir uma qualquer propriedade ou característica a alguma coisa, por exemplo, dizendo: «a rosa é vermelha» ou «o homem é um animal». Mas nestes dois casos, tal expressão desempenha a mesma função ou uma função diferente? Atribuir o ser vermelho à rosa é atribuir-lhe uma propriedade que a rosa pode não ter, como o prova o caso das rosas brancas; por seu lado, dizer que o homem é um animal significa que o homem é uma parte ou uma espécie de um género mais amplo, que é o dos animais. Uma coisa, portanto, é ser no sentido de existir, e outra coisa é ser algo. Uma pergunta ainda mais radical, frequentemente posta pelos filósofos, é a de se é possível falar de «ser» em sentido próprio apenas a propósito de entidades individuais – por exemplo, Sócrates ou o cavalo *Relâmpago* ou a rosa que estou a observar neste momento –, ou também a propósito de noções gerais relativas a uma pluralidade de indivíduos, tais como «homem», «cavalo» ou «rosa». Por outro lado, se ao ouvir alguém fazer uma afirmação, eu disser: «é assim», o que pretendo dizer com o «é»? Quero com isto sublinhar que o que foi dito corresponde à realidade, ao como as coisas são, que é verdadeiro, e não falso? Em que sentido se pode falar de ser – no sentido de existir – a propósito, por exemplo, dos centauros, isto é, de seres que são metade homens, metade animais? Nunca ninguém os viu, pelo menos até hoje, e, no entanto, foram introduzidos em antigas narrações míticas, e nós podemos inclusivamente falar deles hoje, mesmo que não existam. Podemos, por isso, dizer que eles também «são», já que podem ser imaginados e se pode falar deles, isto é, existem como objetos aos quais se podem referir os nossos atos mentais e determinadas palavras?

Às vezes, por fim, diz-se que uma coisa é no sentido em que é estável, não devém e não muda. Podemos, assim, também perguntar-nos se a coisa que propriamente é – isto é, que nunca muda – não será unicamente a divindade, o Ser com maiúscula, cujo modo de ser se diferencia radicalmente do modo de ser do homem. Mas em que sentido se pode dizer que este Ser, identificado com Deus, existe? Certamente não existe no modo em que existem as maçãs e as borboletas. Parece então que «existir» significa coisas diferentes quando aplicado a essas coisas ou a Deus. A existência de maçãs ou de borboletas pode ser certificada por todos através dos sentidos, mas é difícil defender que o mesmo seja válido para Deus. É possível que alguém afirme que viu diretamente Deus, mas em geral tem-se algumas dúvidas ou suspeitas sobre este tipo de pretensões. Podemos, então, perguntar-nos se é possível provar que Deus existe e, considerando-o possível, de que modo ou por que vias tal pode ser feito. Há depois filósofos que defendem a distinção entre ser e existir e que só se pode falar propriamente de existência relativamente ao homem, já que o homem não dispõe de um ser estável, mas muda continuamente, constrói-se a si mesmo ao longo do tempo e não é redutível a algo dado de uma vez por todas. São questões ligadas à utilização do verbo «ser» que continuam a requerer a reflexão dos filósofos: será possível encontrar o significado primário da palavra «ser», ao qual todos os outros significados devem ser reconduzidos, ou, ao invés, é melhor manter clara a distinção ou a radical diversidade de significados do verbo «ser», consoante os tipos de coisas aos quais é aplicado?

Mas o território das perguntas filosóficas não se fica por aqui. Todas as sociedades e todas as culturas possuem conhecimentos e crenças a propósito das propriedades e dos comportamentos de muitas coisas, por exemplo, sobre as propriedades medicinais de certas plantas ou sobre o comportamento de certos animais, sobre os movimentos dos corpos celestes ou sobre as maneiras de procurar alimento ou fabricar determinados instrumentos. Mas – perguntam-se os filósofos – o que significa conhecer e saber? Quais são os meios físicos e mentais de que os homens se podem servir para chegarem ao conhecimento de alguma coisa? Estes instrumentos, por exemplo, os sentidos (visão, audição, tato, paladar, olfato), permitem aceder a conhecimentos seguros como, por exemplo, reconhecer indivíduos ou coisas, ou será que por vezes nos enganam, como mostra o exemplo clássico da vara enfiada na água que parece partida? E se enganam, temos algum instrumento para corrigir estes erros, por exemplo, a memória, que permite recordar observações feitas no passado ou determinados raciocínios? São questões relevantes também noutros âmbitos da vida humana: pensemos, por exemplo, nos processos nos tribunais, quando se trata de identificar quem é que cometeu ações criminosas. Mas também nos podemos questionar: crer que uma coisa é verdadeira equivale a saber que essa coisa é verdadeira? Isto é, crer e saber são coisas distintas, no sentido em que se pode crer numa coisa mesmo sem saber se é verdadeira? Por fim, é possível conhecer tudo ou o conhecimento humano é limitado, como mostra também o facto de certos animais possuírem sentidos (como a visão ou o olfato) mais poderosos do que os do homem? E, para o homem, o que vale a pena conhecer? Há coisas mais importantes para conhecer ou são todas igualmente importantes?

3. A pequena fábula de Rodari mostra também outro tipo de pergunta. Apesar das fotografias afixadas, o Porquê não é encontrado, porque está escondido por todo o lado. A foto descreve o aspeto físico de um indivíduo, serve para identificá-lo quando é encontrado. Mas cada um de nós muda ao longo do tempo, por vezes, de forma notável, cresce, muda de fisionomia, embranquece ou perde cabelos, e assim por diante. Mas não nos perguntamos se, apesar destas mudanças com o passar dos anos, cada um de nós permanece sempre a mesma pessoa. Cada um de nós continua a usar o mesmo pronome «eu» sem problemas. Holden, o jovem protagonista de *À Espera no Centeio* (1951) do americano J.D. Salinger, visita o museu de história natural, que já visitara outras vezes no passado. A melhor parte é que lhe pareceu que

> tudo estava sempre no mesmo lugar. Ninguém se mexia. Podias lá ir mil e uma vezes que aquele esquimó tinha sempre acabado de pescar dois peixes, os pássaros ainda voavam para sul [...]. Nunca ninguém estava diferente. O único a estar diferente eras *tu*. Não é que estivesses muito maior nem nada que se parecesse,

mas agora, por exemplo, vestias sobretudo ou tinhas um colega diferente daquele que se sentava ao teu lado, ou tinhas ouvido os pais a discutir, etc. São, portanto, também as várias vicissitudes e as diferentes relações estabelecidas com as coisas e outras pessoas que modificam a identidade de cada um, conduzem ao desaparecimento de certas características e qualidades ou à modificação do seu carácter. Mas isso não significa que o indivíduo tivesse sido substituído por outro, tanto é que continua a ser chamado pelo mesmo nome e se lhe atribuem características que já tinha antes. Nasce então a pergunta sobre o que é que continua a assegurar a identidade pessoal de cada um, apesar da variação no tempo.

Verificaram-se casos, sobretudo no fim das guerras, de veteranos que se fizeram passar por outros: um caso conhecido em Itália foi o do desmemoriado de Collegno, que se fez passar pelo marido de uma senhora abastada que esperava o regresso do marido da guerra. Caso análogo encontra-se no filme *Sommersby. O regresso de um estranho* (1933), interpretado por Richard Gere. O romance *Operação Shylock* (1993) de Philip Roth é inteiramente construído sobre um roubo de identidade por parte de um sósia do próprio autor, que se veste e fala como ele, dá entrevistas em nome dele, metendo-o numa série de problemas. Atualmente, sabemos que o furto de identidade pode ocorrer até pela Internet, quando alguém se apodera da palavra-passe de um indivíduo e, por esse meio, dos seus dados pessoais, dados bancários e por aí adiante. O que está em questão é como é que os outros conseguem reconhecer que se trata sempre do mesmo indivíduo: através do aspeto físico, da maneira de falar ou também através da sua maneira de falar dos acontecimentos do passado? É um problema antigo, já exprimido de maneira exemplar na *Odisseia*: Ulisses, o protótipo do veterano de guerra, quando regressa à sua ilha, Ítaca, transformado em mendigo, só lentamente é reconhecido pelo filho Telémaco e pelo pai Laertes, pelo cão Argos e pela ama e, por fim, também pela mulher Penélope. Já na Antiguidade as representações teatrais estavam cheias de cenas de reconhecimento. Em *O Tempo Reencontrado* (1927), o último romance da série *Em Busca do Tempo Perdido*, de Marcel Proust, o protagonista encontra velhos colegas de escola, reconhece a voz de um deles, mas não o seu aspeto físico, porque o tempo o transformara radicalmente. E Proust comenta:

> reconhecer alguém e, mais ainda, identificá-lo depois de não se ter conseguido reconhecê-lo, significa conceber sob uma única denominação duas coisas contraditórias, admitir que aquele que existia, o ser de que se recordava, já não existe, e que aquele que agora é é um ser que não conhecíamos; significa ter de refletir sobre um mistério inquietante, quase, como o da morte, do qual ele é, de resto, uma espécie de introdução e de anúncio.

Com efeito, tais mudanças têm como resultado final inevitável a morte do indivíduo, anunciada por aquilo a que o escritor Carlo Emilio Gadda dá o nome de «soberana consciência da impossibilidade de dizer: Eu».

Mas o problema da identidade pessoal pode colocar-se também em relação ao próprio indivíduo: o que é que o faz achar que é sempre o mesmo ao longo dos anos? Este tema fascinou muitos escritores, que imaginaram personagens que a dada altura ficam sem partes do corpo ou sem características essenciais da sua identidade. Adalbert von Chamisso narrou a história de Peter Schlemhil, que vende a sua sombra ao diabo em troca de uma bolsa mágica, da qual pode tirar dinheiro em continuação. Mas exatamente por causa de já não ter sombra e, portanto, por causa da sua inquietante diversidade, ele acaba por ser posto de lado por todos; Nikolai Gogol narra a história de um funcionário que ao acordar dá-se conta de não ter nariz; pouco depois, vê o seu nariz a passear numa carruagem com uniforme de funcionário e tenta persuadi-lo a regressar ao seu rosto, mas em vão. Tanta, depois, publicar um anúncio num jornal, mas o empregado recusa-se a fazê-lo, até que, certa manhã, não se sabe como, o nariz regressa ao seu lugar. O protagonista do romance de Robert Louis Stevenson *O Estranho Caso de Dr. Jekyll e Mr. Hyde* (1886) descobre uma poção que lhe permite separar a parte boa da parte má de um indivíduo, mas o resultado é a sua transformação física num ser disforme e repugnante: ao acordar, certa manhã, vê a sua mão ficar peluda. Este ser transformado, de nome Hyde, chega ao ponto de assassinar uma pessoa que encontrou por acaso, e Jekyll, ao ficar sem os ingredientes da poção, mata-se para não ser preso como assassino. No romance *Metamorfose* (1916) de Franz Kafka, o jovem Gregor Samsa acorda de manhã transformado num inseto. Ele continua a ter pensamento e sentimentos humanos, mas apercebe-se de que suscita repugnância aos seus próprios familiares e, portanto, procura furtar-se aos seus olhares, refugiando-se debaixo da cama, até que, certa tarde, atraído pelo som do violino da irmã, sai do quarto e dá por si no meio dos familiares reunidos, que reagem brutalmente, ferindo-o. Volta a refugiar-se debaixo da cama onde, por fim, acaba por morrer de tédio. Nas histórias citadas, a perda de partes ou aspetos ligados ao próprio corpo (nariz, sombra), ou até mesmo a radical transformação corporal, não perturba a consciência da própria identidade. Identidade e integridade corporal, cuja perda ou transformação está ligada também à preocupação com o modo como se aparece – ou se deixa de aparecer – aos outros. Diferente é, ao invés, o caso de Mattia Pascal de Pirandello, que a dada altura simula a sua morte e tenta começar uma vida nova, mudando de nome. Contudo, volta a encontrar-se emaranhado na rede de relacionamentos sociais diários dos quais tinha tentado escapar. Decide, então, recuperar a sua velha identidade, mas sem assumir o seu lugar na velha vida familiar, permanecendo o falecido Mattia Pascal, que vai visitar, de vez em quando, a sua própria campa. Igualmente diferente é o caso em que o sentido da própria identidade se perde por causa da perda de memória provocada por algum trauma, como acontece no romance *The Bourne Identity* (1980), de Robert Ludlum, que depois deu origem ao filme com Matt Damon. Percebe-se, assim, porque é que os filósofos levantam este problema delicado: que coisa permite afirmar que um indivíduo permanece a mesma pessoa até à sua morte? Esta pergunta tem grande impacto também do ponto de vista moral, jurídico e político, por exemplo, a propósito da titularidade dos direitos: caso emblemático é o dos doentes graves em estado comatoso.

4. Pode-se constatar que cada sociedade se rege por um conjunto de deveres e proibições, isto é, de regras e normas de conduta geralmente partilhadas, respeitantes às esferas mais variadas da vida: relacionamentos familiares e de amizade, relações económicas e jurídicas, vida religiosa, usos e costumes, maneiras de se comportar, formas de cortesia. Todavia, é possível distinguir, em geral, dois tipos fundamentais de normas: as que recebem uma sanção, ou seja, preveem uma punição ou pena para quem a transgride; e as que não são acompanhadas por uma sanção forte do género, mas preveem apenas formas de desaprovação ou de marginalização para os transgressores. As primeiras traduzem-se na formulação de leis, na sua maioria escritas, enquanto as outras encontram expressão em códigos morais de comportamento, não necessariamente formulados e explícitos, e amiúde considerados como óbvios no seio da sociedade ou, pelo menos, de uma parte considerável dela. Isso não significa que, por vezes, não exista sobreposição entre

os dois tipos de normas: o homicídio, por exemplo, pode ser condenado tanto no plano jurídico, com a cominação de uma pena, como no plano moral. Não raramente, todavia, as regras morais cobrem âmbitos em que não está prevista a intervenção da lei. O plano moral suscita nos filósofos uma vasta gama de perguntas. O âmbito da natureza é caracterizado por fenómenos que tendem a apresentar-se com um grau elevado de regularidade; as ações dos homens, ao invés, são muito diversificadas. A vida de cada um é feita de inúmeras ações com o objetivo de alcançar determinados resultados graças ao uso de meios mais ou menos ajustados ao objetivo. Será possível, todavia, identificar também neste âmbito características mais ou menos recorrentes? Os filósofos desenvolveram uma reflexão sobre as características da vida moral, dando origem àquela que é chamada, com um termo oriundo do grego antigo, «ética», literalmente o estudo do carácter (*ethos*) dos homens, em particular daqueles que vivem de maneira boa ou má. Emerge, aqui, a alternativa de um questionamento deste género: deve focar-se a atenção no agente, ou seja, nas características de quem age, ou, ao invés, deve focar-se a atenção na ação em si mesma? Podemos, assim, questionar-nos sobre quais as características que fazem de um agente um agente moralmente bom, ou de uma ação uma ação moralmente boa.

Na primeira perspetiva, a pergunta pode ser ampliada: qual é a melhor forma de vida para os homens? Quais são as prerrogativas que fazem de um homem um homem excelente, um homem que no decurso da sua vida exprime bem aquilo que faz dele um homem verdadeiro, um homem no significado mais autêntico e pleno da palavra «homem»? Existirá um objetivo que, de facto, todos os homens almejem alcançar na vida? Uma possível resposta é a de que esse objetivo é a felicidade: de facto, não existe nenhum homem que não queira ser feliz. Mas esta resposta suscita outra pergunta: em que consiste a felicidade? Coincide com o prazer ou com a utilidade que se alcança de uma vez para sempre ou implica algo mais? Deste modo, se nasce um conflito entre o que é agradável e o que é útil – no sentido em que a obtenção de um prazer pode ser prejudicial, por exemplo, para a saúde –, o que é que é melhor escolher? Isto traduz-se em problemas dramáticos para a vida quotidiana de cada um de nós: consumir, por exemplo, quantidades excessivas de álcool ou de estupefacientes, os quais podem produzir uma sensação imediata de prazer, traduzir-se-á também em utilidade para quem os consome ou, ao invés, com o passar do tempo, produz danos físicos e mentais irreparáveis que podem inclusivamente levar à morte? Por outro lado, ao produzir habituação, não privam o indivíduo da capacidade de escolher e, sobretudo, de repetir as suas escolhas? Não se pode, aqui, desvalorizar o gosto e o fascínio pela transgressão, que por vezes se quer apoderar dos homens. Como disse Mark Twain, «Adão era apenas um homem. Isso explica tudo. Ele não queria a maçã por gostar de maçã; queria-a, sobretudo, porque era proibida. O erro foi o de não ter proibido a serpente, pois nesse caso Adão teria comido a serpente». Permanece, contudo, a pergunta: é preferível a forma de escravidão duradoura produzida por alguns tipos de transgressões ou é melhor o prazer que dura apenas alguns instantes?

A palavra por vezes utilizada para caracterizar o conteúdo da felicidade é «virtude», mas com um significado mais amplo do que aquele que habitualmente atribuímos à palavra. O termo «virtude» está intimamente ligado ao termo «bom». Uma faca é «boa» se cortar bem, ou seja, se desempenhar bem a sua função, que é a de cortar: é nisso que consiste a virtude da faca. O mesmo se diga do homem: se a função do homem é a de exercitar da melhor maneira as características que o distinguem dos outros animais, em primeiro lugar o exercício da razão, nisso consistirá a sua virtude. Mas nesse caso, é necessário perguntar se basta a virtude de per si para dar felicidade ou se é necessário também que as próprias ações sejam acompanhadas pelo prazer de as praticar e pela utilidade dos seus resultados. Deste modo, surge a questão do carácter que as ações devem assumir para serem classificadas como boas ou más. A ação de um indivíduo pode conduzir a um resultado que pode ser útil e/ou agradável para ele. Mas será sempre assim? No filme de Fred Zinnemann *High Noon* [*O Comboio Apitou Duas Vezes*] (1952), Gary Cooper, que se demitiu do cargo de xerife no dia do seu casamento, fica a saber que um fora da lei está a chegar à cidade com o seu gangue: põe-se-lhe o dilema de saber se deve enfrentá-lo, arriscando a sua vida, ou ir-se embora são e salvo. Decide ficar, mas nenhum dos concidadãos o quer ajudar, e então enfrenta sozinho o gangue, derrota-o e depois deixa a cidade acompanhado pela mulher. Qual foi o critério da sua escolha: aquilo que é melhor, egoisticamente, para ele, ou preocupar-se com o que é melhor para a cidade? Certamente que o que o induz a ficar não é nem o prazer nem a utilidade pessoais, mas eventualmente a utilidade da cidade, que, inclusivamente, o deixou a lutar sozinho.

Escolhas deste género caracterizam a esfera da moral, que diz respeito não tanto ao que se faz, mas ao que se devia fazer. Emerge aqui a noção de dever. Mas em que consiste o dever? Será o dever – que impõe que se faça alguma coisa, independentemente das consequências úteis ou agradáveis que possam resultar do próprio agir – a motivação última e decisiva das ações e das escolhas humanas? Qual é a faculdade humana que permite indicar a cada indivíduo as regras do comportamento? Que valores –entendendo por valor aquilo que é objeto de preferência ou de escolha – devem orientar a ação? Será a razão ou será o sentimento o que permite captar imediatamente o que é bom ou mau, justo ou injusto, tal como se experimenta imediatamente a sensação de algo agradável ou desagradável? Por fim, para qualificar uma ação como boa ou má é suficiente a intenção de a pôr em prática – independentemente do dado de ser ou não de facto posta em prática– ou é necessário que seja mesmo posta em prática, já que para qualificar como boa uma ação é preciso que ela seja responsável, isto é, também preocupada com as consequências que pode produzir? Em todo o caso, pode acontecer que, em geral, os desejos não cheguem a concretizar-se em escolhas efetivas, e, por isso, como se diz na canção «Azzurro» de Paolo Conte, que a interpretação de Adriano Celentano tornou famosa, «o comboio dos desejos circula ao contrário nos meus pensamentos».

Que lugar ocupa a amizade na vida dos homens e em que consiste a amizade? Pode dizer-se que um grupo é um agregado de amigos só pelo facto de se fazerem determinadas coisas em conjunto, eventualmente em prejuízo de outros ou apenas para repetir o que os outros integrantes do grupo fazem, porventura por instigação de um «líder», como nos comportamentos de *bullying*? É-se amigo apenas porque se recebe um prazer recíproco em estar ou fazer coisas juntos ou porque se obtém algo de útil. Ou será que estas formas de amizade duram pouco e terminam a partir do momento em que não dão mais prazer ou deixam de ter utilidade? A verdadeira amizade não deverá, então, basear-se em algo mais sólido e duradouro?

A presença de leis e a sua eficácia requer a existência de um dispositivo capaz de impor penas e, portanto, de um dispositivo dotado de força, sem o qual as leis seriam totalmente ineficazes. Tal só é possível no seio de uma comunidade, onde o poder pode ser exercido ou com o consenso de todos ou simplesmente imposto pela força. Mas o poder de quem? Como é distribuído e como deveria ser distribuído o poder? Entre todos os membros da comunidade, ou apenas entre alguns, ou diretamente como prerrogativa de um só indivíduo? E quais são os mecanismos graças aos quais o poder é repartido e exercido? Nascem aqui as interrogações, decisivas para os filósofos, mas cruciais para todos, sobre se existe uma forma de governo melhor do que outras e em que sentido é melhor e para quem. Aprofundando mais, porque é que os indivíduos se associam e criam comunidades ou Estados? Porque é próprio da natureza humana a tendência a associar-se ou porque sozinhos os indivíduos não são capazes de sobreviver, satisfazendo todas as suas necessidades, ou então porque receiam as agressões dos outros, dos quais se podem defender apenas recorrendo ao auxílio recíproco? Mas independentemente dos movimentos que impelem os homens a associarem-se, o seu viver juntos é algo que acontece espontaneamente, como o comprovaria já a tendência para se juntarem para gerar filhos e o amor que os pais nutrem por eles, ou será fruto de um pacto que os indivíduos estabelecem entre si?

Para que a convivência entre os membros de uma comunidade seja possível é necessário que todos respeitem certas leis, ou seja, regras válidas para todos. Mas o que torna válidas estas leis? É apenas o poder daqueles que as impõem ou existem também normas superiores às vigentes nos Estados, às quais, portanto, também as leis estabelecidas por estes Estados deveriam estar sujeitas ou uniformizar-se? É o dilema que já se encontra exemplarmente representado na *Antígona* de Sófocles. Aqui o dilema é entre Creonte, que em nome da cidade de Tebas pretende fazer respeitar a proibição de enterrar o irmão de Antígona, Polinice, que se tinha revoltado contra a cidade, e Antígona que transgride a proibição, enterrando o irmão. Ao fazê-lo, Antígona apela a leis divinas não escritas, mas imutáveis e válidas em todo o lado, como a que impõe que se enterrem os irmãos. Com alguma frequência fala-se de leis naturais, superiores às leis positivas que podem variar de Estado para Estado. Mas a noção de natureza pode ser controversa: com base na natureza todos os homens são iguais e, por isso, deveriam usufruir, independentemente do país de origem, de direitos naturais? Ou tornará a natureza os indivíduos não apenas diferentes, mas também desiguais, podendo-se chegar ao ponto de defender que a lei da natureza consiste no facto de o mais forte dominar o mais fraco, como acontece nas relações entre animais ou nas relações internacionais entre os Estados? Assim, ao invés de se falar de direitos naturais, prefere-se falar de direitos humanos universais, o que levanta outras perguntas sobre os conteúdos destes direitos e sobre a maneira de garanti-los e de fazê-los respeitar.

Estas são algumas das perguntas formuladas pelos filósofos. Um extraordinário repertório cómico de tipos de pergunta possíveis é dado pela obra-prima do humor que é *A Vida e Opiniões de Tristram Shandy* (1759-1767) do escritor anglo-irlandês Laurence Sterne. O pai do protagonista pergunta ao cabo Trim, que nunca viu um urso branco, se seria capaz de fazer um discurso sobre ele. O tio do protagonista objeta: como pode fazê-lo se nunca viu um urso branco? O pai responde:

> Eis em quantos modos se pode discursar sobre o tema. Um urso branco? Muito bem. Alguma vez vi um? Alguma vez poderia ter visto um? É previsível que alguma vez veja um? Deveria alguma vez ter visto um? Poderei alguma vez vir a ver um? Oh, se eu tivesse visto um urso branco! Porquê, como poderia de outro modo representá-lo? Se tivesse de ver um, o que diria? Se nunca viesse a ver um, quais as consequências? Se alguma vez o vi ou verei, poderei, deverei ver um urso vivo...; alguma vez vi a pele de um urso? Alguma vez um pintado? ... Descrito? ... Alguma vez sonhei com um? O meu pai, a minha mãe, o meu tio, a minha tia, os meus irmãos, as minhas irmãs alguma vez viram um urso branco? Quanto dariam para vê-lo? Como se comportariam? Como se comportaria o urso branco? É selvagem? Doméstico? Terrível? De pelo encrespado? De pelo liso? Vale a pena ver o urso branco? Não se comete pecado em vê-lo? É melhor do que um urso castanho?

É verdade que os filósofos nem sempre são completamente imunes a fazerem perguntas fúteis ou perguntas sobre objetos fora do alcance humano. Mas além do tom jocoso, este texto de Sterne, com a sua extraordinária variedade de perguntas, ilustra também que ler livros de filosofia – sobretudo os dos maiores filósofos, desde a Antiguidade até aos dias de hoje – é fazer experiência de perguntas possíveis, que, porém, têm relações com a vida quotidiana de cada um. Mas para fazer estas perguntas é necessário ter palavras certas que permitam a sua melhor formulação e uma mais clara resposta a elas. E esta é outra vertente do trabalho dos filósofos.

Capítulo 2

USAR PALAVRAS

1. Certa vez, Thomas Mann disse que a linguagem é «aquele instrumento de civilização cheio de Eros que liga todos os homens». Após vinte e cinco anos de vida silenciosa na ilha onde tinha naufragado, Robinson Crusoé encontra o selvagem a quem chamará Sexta-feira, com quem comunica, primeiro, por sinais e, depois, por palavras e dizendo «sim» e «não». Também os filósofos usam palavras não apenas para formularem e investigarem os seus problemas, mas também para comunicarem aos outros as suas questões e as suas tentativas de resposta. Mas que tipo de palavras? No romance de Jonathan Swift *As Viagens de Gulliver* (1726), o protagonista encontra-se na Academia de Lagado, onde são elaborados projetos para melhorar a linguagem. Um destes projetos consiste na abolição total de palavras, coisa vantajosa para a saúde, pois evita que se desperdicem e desgastem os pulmões. Sendo as palavras meros nomes para indicar as coisas, a solução mais conveniente é que cada qual traga consigo numa sacola as coisas necessárias para exprimir o tema particular sobre o qual se debate. O único inconveniente é que, se esse tema é muito grande e variado, é necessário transportar às costas um saco muito grande, a não ser que se disponha de um ou dois criados para o efeito. Para breves conversações, no entanto, bastam poucas coisas no bolso e debaixo do braço, e em

casa não podem faltar as coisas necessárias ao alcance da mão. Em todo o caso, a vantagem deste expediente seria o de funcionar como linguagem universal compreensível em todas as nações civilizadas, nas quais bens e utensílios são geralmente do mesmo tipo ou bastante semelhantes. Numa situação do género, dificilmente se poderia exercer a atividade filosófica, pois seria difícil encontrar as coisas necessárias a pôr na sacola, correspondentes às coisas e aos problemas de que os filósofos se ocupam.

Os nomes próprios, atribuídos aos indivíduos, também não são relevantes para os filósofos, embora sejam importantes na vida de todos os dias. Na cultura da ilha de Bali, cada indivíduo tem um nome único, composto por sílabas sem sentido, por isso existe uma reserva ilimitada de nomes novos. Mas este nome só muito raramente é usado e habitualmente apenas é conhecido pelo grupo dos anciãos e dos pares, e é desconhecido dos mais novos. Quando alguém morre, o seu nome próprio morre com essa pessoa. Todavia, é difícil pensar numa língua feita apenas de nomes próprios atribuídos a cada coisa e a cada indivíduo. Em *Alice do Outro Lado do Espelho* (1871), de Lewis Carroll, a melga pergunta a Alice:

> suponho que não queiras perder o teu nome; no entanto, não tenho a certeza, pensa nas vantagens que terias, se conseguisses perdê-lo no regresso a casa. Por exemplo, se o professor te quisesse chamar para a aula, diria «vem cá...» e depois teria de se interromper, pois não teria um nome para te chamar, e assim sendo tu não responderias.

Alice observa que tal de nada serviria, pois o professor «não renunciaria facilmente a dar-me a aula, mesmo que não recordasse o nome, chamando-me "patroazinha", como costuma fazer a criadagem». Isso significa que, em todo o caso, o nome próprio pode ser substituído por um termo que descreve uma propriedade da pessoa em questão (o facto de ser uma «patroazinha»), mas para fazer isso deve-se recorrer a um termo geral que não valha só para Alice, mas valha também para todas as meninas que se encontram na condição de serem «patroazinhas». Nem sempre é fácil encontrar substitutos deste género para um nome próprio, mas é claro que em casos semelhantes emerge uma relação entre o nome próprio e os termos gerais. Mas os filósofos, como se viu, fazem perguntas gerais e, portanto, servem-se sobretudo de termos gerais, que não valem apenas para casos, pessoas ou acontecimentos individuais. Um conto do argentino Jorge Luis Borges, *Funes el memorioso* (1944) fala de um indivíduo que recordava os pormenores de todas as coisas e de todos os acontecimentos. «Tenho mais recordações eu sozinho – dizia – do que as que têm todos os homens juntos, desde que mundo é mundo.» Funes recordava não apenas cada folha, mas também todas as vezes em que tinha percecionado ou imaginado uma folha. Mas daqui resultava que ele era incapaz de ter ideias gerais, por exemplo que a palavra «cão» designasse «um vasto conjunto de indivíduos diferentes quanto às dimensões e às formas», mas também o próprio cão que ele tinha visto às três e aquele que tinha visto às quatro. Borges comentava: «Duvido que fosse capaz de pensar. No mundo sobrecarregado de Funes apenas havia detalhes, quase imediatos.» Nesse mundo, não podia haver lugar para a filosofia.

Para poderem lidar com perguntas gerais, os filósofos devem dispor de termos gerais e, portanto, de línguas que permitam a sua formação. Talvez já não nos demos conta da importância do artigo definido *o*, *a*, presente na maior parte das línguas europeias e no grego antigo. Pode dizer-se que, pelo menos no Ocidente, tudo começou, e porventura não apenas para a filosofia, quando se prepôs o artigo definido a adjetivos, substantivos ou verbos. Vejamos, por exemplo, o adjetivo «belo». Pode ser aplicado às coisas mais diversas: pode-se falar de uma bela jovem ou de um belo cavalo ou de uma bela flor ou de um belo jogo de futebol. O uso deste adjetivo é apenas um modo para exprimir a apreciação da coisa em que é aplicado? Ou existe alguma semelhança, alguma característica comum entre estas coisas tão diferentes, que induz a considerá-las e a dizer que são todas «belas»? A referência a esta característica comum é obtida precisamente prepondo o artigo definido ao adjetivo: é assim que se obtém a expressão «o belo», que assume um valor geral, não limitado a uma coisa individual. E equivalente a ela é o substantivo «a beleza», obtido, também ele, prepondo o artigo definido a um termo que assume valência geral e não se identifica totalmente com nenhuma coisa específica. Com efeito, pode dizer-se, em referência a uma rapariga ou a um automóvel, que é «uma beleza», mas dizendo precisamente «uma». E quando se diz, por exemplo, que é a beleza em pessoa significa que personifica da melhor maneira a beleza, não que coincide *tout court*, com a beleza, porque nesse caso nada daquilo que é diferente daquela bela rapariga poderia ser belo.

Obtêm-se efeitos análogos antepondo o artigo a certos substantivos e a certos verbos. Se, por exemplo, se diz que o homem é um animal que tem a capacidade de rir e de chorar, com a expressão «o homem» pretende-se referir todos os homens, no sentido que é possível que algum homem nunca tenha rido ou chorado, mas isso não exclui que em certas circunstâncias poderá fazê-lo. Com efeito, a possibilidade de rir ou de chorar caracteriza o homem e, portanto, também cada homem individual, já que é distinto dos outros animais. Portanto, o artigo tem a função de atribuir um alcance universal ao termo «homem». Na linguagem técnica dos filósofos, a expressão «o homem é um animal que tem a capacidade de rir e de chorar» é chamada «definição», termo que significa literalmente delimitar, traçar uma fronteira, como quando se veda um terreno, para não confundi-lo com as terras confinantes e que pertencem a outrem. Graças a ela identificam-se características comuns ao conjunto de coisas que estão dentro das fronteiras, as quais permitem que não se confunda a coisa definida com outras. Os dicionários da língua portuguesa não servem apenas para encontrar equivalências para as palavras técnicas ou pouco usadas, por exemplo, para dizer que a palavra «odontologista» equivale à palavra «dentista», mas são feitos de definições que explicam o que significa cada palavra e, portanto, também como usá-la apropriadamente. Quem fala de homem ou de humanidade, de facto, assume que há alguma coisa que todos os homens têm ou deveriam ter em comum. Através deste mecanismo linguístico pode-se obter uma grande pluralidade de termos gerais, como justiça, coragem, liberdade, necessidade, conhecimento, saber, agir e por aí adiante, que se tornam campos apropriados de investigação filosófica, o objeto – como se viu no capítulo anterior – das suas perguntas. A tradição filosófica nunca se furtou à questão da ligação entre o que é universal (noções gerais) e as coisas particulares. Foi o que aconteceu mesmo quando se defendia, por exemplo, que a pretensão de encontrar aspetos comuns a todos os casos aos quais aplicamos o adjetivo «belo» apenas gerou falsos problemas, problemas insolúveis, motivo pelo qual se preferiu dizer que entre estes casos todos existe apenas uma semelhança de família. Mas de acordo com o quê é que posso dizer que pertencem todos à mesma família, se não por algum aspeto que liga, pelo menos, alguns deles, mesmo que haja outros aspetos que os não liguem, exatamente como acontece entre os membros de uma mesma família?

O uso das palavras na vida quotidiana permite orientar-nos com sucesso, consoante a abundância de vocabulário de que se dispõe: cada palavra é como uma janela nova que se abre para o mundo na sua imensa variedade, para as inúmeras tonalidades dos sentimentos e para os mais subtis itinerários do pensamento. Till Eulenspiegel é uma personagem popular alemã, cuja prerrogativa consiste em levar à letra as ordens que lhe são dadas. Se, por exemplo, o barbeiro lhe diz para entrar no seu estabelecimento com espelhos, Till entra no estabelecimento e entra também nos espelhos, partindo-os; ou então se alguém lhe pede para cozer dois feijões, ele coze mesmo apenas dois feijões. Falando mais em geral, pode dizer-se que, por vezes, palavras da linguagem comum podem produzir equívocos e nem sempre é suficiente conhecer o contexto ou a ocasião em que foram pronunciadas para conseguir captar o seu significado preciso. Nasce daqui a necessidade de os filósofos introduzirem por vezes novos termos, que não existem na linguagem comum, conferindo-lhes uma abrangência técnica, especializada. Seria naturalmente ilusório pensar que é possível construir uma linguagem perfeita, totalmente isenta de ambiguidades e de confusões. Nem sempre as inovações terminológicas dos filósofos têm sucesso; por vezes, podem mesmo introduzir complicações inúteis, ou até mesmo prejudiciais, produzindo erros. Alguns filósofos, aliás, consideram que a linguagem usada comummente na vida diária está sempre em ordem e funciona corretamente em todas as vicissitudes da vida e, portanto, não precisa de ser corrigida pela filosofia e pela sua linguagem técnica. Aliás, precisamente por isso é que a filosofia se pode servir da mesma linguagem comum para identificar e curar as doenças introduzidas por outros filósofos através de problemas desviantes ou fictícios produzidos pelas suas linguagens ou pelo uso errado da linguagem comum. Nesta perspetiva, faz-se observar, por exemplo, que alguns filósofos consideraram e consideram que a mente, ou a alma, é uma entidade separada do corpo, uma espécie de «espetro na máquina», como foi chamado. Mas quando se examinam as expressões utilizadas na linguagem comum, que se referem a capacidades, atividades ou acontecimentos mentais, constata-se que dizem respeito a comportamentos ou disposições para realizar determinadas operações, e não uma presumível entidade espiritual independente do corpo. Tal como no caso do liceu, por exemplo, que não é algo distinto nem um acrescento às salas de aula, aos laboratórios, aos gabinetes, à biblioteca ou ao pavilhão, mas é o conjunto de tudo isso e o modo como está organizado. Também a filosofia não é imune aos erros, tal como todas as coisas humanas, mas não é por isso que se torna necessário chegar ao juízo impiedoso, referido pelo físico Werner Heisenberg, mas por ele não partilhado, de que «a filosofia é o abuso sistemático de uma terminologia aparentemente inventada com esse propósito».

Por seu lado, na língua comum entram também os termos técnicos da linguagem filosófica, mas perdendo boa parte da espessura e dos desenvolvimentos que receberam no contexto da reflexão filosófica. Basta pensar em termos como «alma», «ideia» ou «filósofo». Este último, aliás, é usado genericamente para indicar quem se comporta tranquilamente em circunstâncias difíceis da vida, sem se descompor. Mas é claro que este aspeto só pode ser apropriado por alguns filósofos e, em todo o caso, não descreve cabalmente os vários aspetos em que se exprime a atividade filosófica. Do mesmo modo, utilizamos habitualmente expressões como «tive uma ideia», no sentido genérico de ter pensado ou projetado determinada coisa. O poeta Heinrich Heine, nas suas *Impressões de Viagem* (1826-1830), compilou uma irónica resenha dos usos da palavra ideia:

> Entretanto, senhora, tendes vós ideia de uma ideia? «Esta peça tem um par de boas ideias», dizia o meu costureiro [...]. A minha lavadeira queixa-se de que o «pastor pôs certas ideias na cabeça da sua filha e de que, por isso, deu em doida e não quer saber de razões». O cocheiro Pattensen murmura a cada instante: «É uma ideia! É uma ideia!» Mas ontem, quando lhe perguntei o que entendia por ideia, aborreceu-se terrivelmente e desatou a murmurar: «Bom, bom, uma ideia é uma ideia!» Uma ideia é toda e qualquer palermice que nos passa pela cabeça.

Por trás destas utilizações vislumbra-se o significado do termo «ideia», difundido sobretudo na filosofia moderna, como representação mental, isto é, qualquer objeto ou conteúdo do pensamento, ou, como foi dito, «aquilo que o homem encontra na sua mente, quando pensa». Mas o termo «ideia», no mundo antigo, também tinha outro significado: indicava aquilo que é universal e que, dada a sua perfeição, é modelo para todas as coisas particulares que a exemplificam apenas parcialmente ou imperfeitamente, como se viu no caso da beleza. E, neste sentido, a ideia só pode ser captada pelo intelecto, não pelos sentidos, que percecionam apenas coisas específicas, que podem ser designadas, precisamente, belas. Também as frases que pronunciamos todos os dias estão impregnadas de termos gerais ou universais. Se alguém diz «amo a Luísa», a palavra «amo» indica algo de universal, pois também se podem amar outras pessoas ou outras coisas, e, por outro lado, não sou eu apenas quem pode amar, mas também os outros podem amar. Como Molière, em *Tartufo*, «os invejosos morrem, a inveja não». Os universais parecem ter a prerrogativa de continuar a subsistir no tempo, mesmo que os indivíduos que os exemplificam desapareçam.

2. Trata-se, então, de investigar os múltiplos significados que, por vezes, determinadas palavras podem assumir. Tomemos como exemplo os verbos «conhecer» e «saber», habitualmente usados, também na vida quotidiana, de diferentes maneiras e em âmbitos variados. Dado que *filosofia* significa «amor pelo saber», é óbvio que os filósofos estão fortemente interessados em esclarecer o que se deve entender por «saber», mas para tal é essencial identificar os significados e os usos deste termo geral e do termo que é seu parente próximo, «conhecer». É possível dizer, por exemplo, que a Laura conhece o Ricardo. Isso pode querer dizer que viu, anteriormente, o Ricardo, ou que falou com ele e se recorda; por isso, se voltasse a vê-lo seria capaz de o reconhecer. Quando se presta atenção, diz-se que se observa aquilo que se vê. Por vezes, a observação é intencional, quando se decide observar para encontrar ou descobrir determinada coisa, e, nesse caso, pode ser mais ou menos detalhada e ter um resultado positivo ou negativo. Se o resultado for positivo, o observador pode também ser capaz de descrever aquilo que observou. Contudo, conhecer uma coisa ou uma

pessoa pode também depender do facto de alguém ter falado do Ricardo à Laura, descrevendo-lhe algumas das suas características. Pode-se dizer, então, que o primeiro é um conhecimento direto ou pessoal do Ricardo, enquanto o segundo é um conhecimento indireto, oriundo da descrição que outros fizeram do Ricardo. Este ponto pode valer para muitas pessoas, coisas ou acontecimentos específicos. Mas também se pode ter conhecimento direto dos desejos ou dos prazeres e das dores que se sentem, isto é, dos próprios estados mentais e físicos. Em geral, o conhecimento direto, ao pôr em contacto direto com os objetos, pessoas ou situações específicas, requer que estas coisas, pessoas ou situações estejam presentes, aliás, este conhecimento direto pode contribuir para nos dar a certeza de que essas coisas, pessoas e situações existem. Mas também se pode ter conhecimento de coisas e pessoas com as quais não se teve contacto direto, por exemplo, através de descrições feitas por outros, as quais compensam os eventuais limites do conhecimento direto. Por exemplo, pode-se ter um conhecimento do centauro graças à descrição feita por alguém, embora este ser meio homem meio cavalo não exista, e, portanto, não se possa ter conhecimento direto dele.

Estes tipos de conhecimento de coisas, pessoas ou acontecimentos específicos não são necessariamente expressos por palavras. Mas se assim acontecer, então, pode-se fazer uma formulação do seguinte tipo: sei que o Ricardo tem olhos azuis ou sei que a Sardenha é uma ilha (quer a tenha circum-navegado pessoalmente, quer me tenha sido dito por alguém que a circum-navegou ou tenha lido num livro ou na Internet, a quem por boas razões creio poder dar crédito). Os conhecimentos gerais também podem ser exprimidos desta forma: por exemplo, pode-se dizer que se sabe que o mármore não é solúvel na água ou, precisamente, que o homem é um animal capaz de rir e de chorar, o que obviamente não vale unicamente para aquele pedaço específico de mármore ou para aquele determinado homem. Trata-se, nestes casos, de saber que determinados conjuntos de objetos individuais (o mármore ou o homem, isto é, todos os homens) têm determinadas propriedades ou características que os distinguem de outros conjuntos de objetos. Nestes casos, pode-se dizer que tal saber tem um alcance universal. Mas esta é a única forma de saber ou conhecer?

Na realidade, juntamente com o *saber que*, os filósofos, por vezes, referem-se ao *saber porquê*, isto é, defendem que não basta saber, por exemplo, que o fogo queima, isto é, que o fogo tem a propriedade de queimar, ou então, que os seres humanos têm em geral, excluindo uma ou outra exceção, a propriedade de poderem gerar outros seres humanos. É necessário, ao invés, procurar também conhecer porque é que o fogo queima ou porque é que os seres humanos geram outros seres humanos, e não, suponhamos, pedras. Responder a estas perguntas significa explicar por que razão tal acontece regularmente, isto é, sempre ou na maior parte dos casos. Isto exprime-se dizendo que se procura a causa ou a razão pela qual o fogo queima, e, por isso, somente quando se encontra esta causa é que se pode dizer, propriamente, que se sabe. Enquanto o conhecimento de coisas, pessoas ou acontecimentos na sua singularidade coincide com a constatação de facto de que cada coisa específica tem uma certa prioridade, por exemplo, saber que o mármore não é solúvel em água não pode ser obtido pela simples constatação de que aquele pedaço específico de mármore não se dissolve na água, mas é preciso conhecer qual a causa que torna não solúvel cada pedaço de mármore. É a esta causa que pode ser imputado o facto geral da não solubilidade do mármore na água. O termo «causa» tem origem antiga no âmbito do direito: indicava aquele ao qual se imputava determinada ação, por exemplo, um delito, de que era considerado responsável. Os filósofos, por vezes, ampliaram este conceito de causa a um âmbito mais vasto, não apenas ao dos acontecimentos individuais e das ações humanas, mas também ao nível dos fenómenos naturais.

Habitualmente, conhecer é considerado equivalente a saber, mas este último termo pode ser usado também no sentido mais específico de ter ciência. Com efeito, pode observar-se que uma ciência – a ótica, por exemplo, ou a biologia – não tem que ver unicamente com conhecimentos específicos isolados ou acontecimentos ligados entre si. Suponhamos, por exemplo, que se quer explicar por que razão os homens são mortais. Uma explicação possível poderia ser a de assumir que os homens fazem parte, também eles, do género mais amplo dos animais, e que, como os animais, são seres mortais, consequentemente, também os homens têm a mesma propriedade de serem mortais. Mas outra explicação pode consistir em assumir que todas as coisas são o resultado de agregações de átomos, sujeitas, por seu lado, a possíveis desagregações. E como os homens são agregações de átomos, também eles vão ao encontro da desagregação, isto é, da morte, entendida como dissolução da composição atómica. Como se vê, em nenhum das explicações nos limitamos a constatar que os homens são mortais, mas procura-se explicar o motivo. Isso, porém, requer a intervenção de pressupostos ou premissas que também precisam de ser conhecidas, por exemplo, que os homens são uma espécie dentro do género mais amplo dos animais, ou então que todas as coisas são compostas por agregações de átomos. Trata-se, portanto, de instituir relações entre os conhecimentos, os quais, por sua vez, podem ser elos de redes cada vez mais amplas. Daqui pode emergir a consciência de que conhecimento – que também pode ser de coisas ou acontecimentos específicos – não equivale à totalidade da ciência. A ciência, com efeito, é um conjunto organizado e coordenado de conhecimentos. O problema, então, é o da busca das ligações que intercorrem estavelmente entre estes conhecimentos, isto é, dos requisitos que fazem de um conjunto de conhecimentos não uma soma de conhecimentos parciais meramente justapostos ou aglomerados, mas um conjunto coordenado, isto é, uma ciência.

Mas as coisas não terminam aqui. É fácil constatar que existem muitos indivíduos (médicos, carpinteiros, viticultores, programadores informáticos, etc.) que possuem, ou achamos que possuem, competências e capacidades que nem todos têm. Estas capacidades requerem um saber e, precisamente, um saber fazer coisas que nem todos sabem saber. Graças ao seu saber obtêm determinados resultados: fazer móveis, restituir saúde aos doentes, fazer uma boa vindima ou criar um bom programa informático. Mas isso pressupõe que eles sabem como realizar determinadas operações: trabalhar e moldar a madeira, prescrever medicamentos, fazer intervenções cirúrgicas, criar programas informáticos e por aí adiante. Portanto, o que está aqui em jogo é outra forma de saber, o *saber como*. Trata-se daquilo que se designa como *saber técnico*, que está ligado também ao *saber que* e ao *saber porquê*. Nestes casos, de facto, é preciso também conhecer quais as propriedades dos materiais ou dos objetos ou das pessoas de que se ocupa o saber técnico. É preciso saber, por exemplo, que a madeira tem uma série de características que se prestam, ou não, a determinadas operações, ou então que o corpo humano tem uma certa estrutura anatómica e órgãos que desempenham determinadas funções, e conhecer também porque surgem determinadas doenças, etc. Trata-se, porém, de um saber que não se limita a estes conhecimentos teóricos, mas é capaz de aplicar noções e procedimentos nos vários casos específicos. Trata-se de um saber que pode ser mostrado e manifestado também a outros, simplesmente executando certas operações, que conduzem a determinados resultados, mas que pode ser exposto verbalmente, por exemplo, a um aprendiz de carpinteiro ou a um estudante de medicina. Estes, por seu lado, podem aprender a adquirir o *saber como* escutando explicações sobre como executar determinadas operações, seguindo determinadas regras e procedimentos. Mas não é um dado adquirido que quem conhece de cor as regras do futebol saiba, depois, jogar futebol; de facto, é possível aprender a fazer vendo repetidamente outros executarem determinadas operações, por exemplo, jogar futebol. Saber fazer é uma disposição, uma capacidade de desenvolver bem, repetidamente, certas operações, por forma a alcançar resultados positivos. Em que é que se vê que alguém tem esta disposição, que sabe fazer determinada coisa? Em primeiro lugar, vê-se no facto de poder mostrar os resultados das suas operações e, assim, corrigir e aperfeiçoar os seus procedimentos, e, depois, eventualmente, vê-se também quando sabe responder a perguntas (sobre porque realiza determinadas operações e porque as realiza daquele modo) e transmitir aos outros o próprio saber.

Graças a estas distinções precisas, os filósofos podem colocar com maior articulação a pergunta geral sobre em que consiste o conhecer e o saber. Pode-se responder à pergunta prescindindo dos muitos âmbitos específicos de conhecimentos ou deve-se ter em conta as diferenças dos objetos que constituem estes vários âmbitos e dos procedimentos apropriados a cada um deles, por exemplo, a propósito de números ou grandezas geométricas ou fenómenos físicos ou psicológicos ou acontecimentos históricos? Existem formas de conhecimento que são distintas, dado o seu relativo grau de certeza, das meras opiniões ou crenças, que podem inclusivamente estar erradas? Se quem diz que sabe alguma coisa parecer fiável, por ser competente ou ter autoridade, então podemos estar dispostos a acreditar no que diz. Mas não é suficiente afirmar que se sabe determinada coisa só porque quem ouve fica automaticamente convencido ou a aceita. É necessário que quem faz a afirmação seja capaz de a provar, seja capaz de dar razões oportunas em defesa do que afirma saber; caso contrário, não pode pretender saber o que afirma. Basta pensar no que acontece nos tribunais, onde não é suficiente que uma testemunha diga que sabe para que o seu testemunho seja automaticamente acolhido. É preciso também demonstrar que a testemunha é credível e estava em condições de saber aquilo que afirma. Se alguém sabe alguma coisa deve conseguir responder à pergunta sobre como é que sabe que a sabe, ao passo que se alguém acreditar nalguma coisa, nem sempre é necessário que consiga responder à pergunta sobre porque é que acredita. Com efeito, muitas crenças são resultado da educação recebida ao longo dos anos e – por esta via e pelo facto de serem comummente partilhadas pela sociedade e, sobretudo, nos círculos mais restritos em que se vive – são acolhidas como óbvias e indiscutíveis. Não se sente, por isso, necessidade de justifica-las, de explicar porque se crê nelas. Ao invés, é precisamente isso que os filósofos fazem ou almejam fazer: assumir também as crenças comuns como objeto de questionamento. Com efeito, é questão delicada para qualquer um não confundir uma simples opinião com um conhecimento seguro, já que daí podem advir consequências desagradáveis também para a vida quotidiana. Os filósofos antigos já tinham identificado a presunção de conhecer aquilo que não se sabe como a forma mais grave de ignorância. Reconhecer a própria ignorância em muitas coisas é, então, um aspeto importante para se ter uma postura filosófica, ou seja, uma postura interessada em colmatar – no que é possível – as próprias zonas de ignorância, que são sempre inevitavelmente amplas, sobretudo hoje, com a crescente especialização nos vários âmbitos e com a tendência para a aceitação passiva do que se encontra escrito na Internet.

Vejamos ainda mais algum exemplo da necessidade, sentida pelos filósofos, de se fazer a distinção entre os significados de uma palavra, procedendo-se a uma espécie de limpeza linguística para tentar evitar confusões ou ambivalências, sem se ter ilusões de se conseguir fugir de uma vez por todas à ambiguidade, coisa que não parece possível nem sequer nas ciências mais rigorosas. É difícil, por exemplo, prescindir de metáforas, ou seja, evitar transferir uma palavra de um âmbito para outro, considerando que ela pode esclarecer aspetos também do âmbito para o qual foi transferida. Pensemos, por exemplo, no uso da palavra «corrente» – termo pertinente à hidráulica, isto é, ao movimento dos líquidos – utilizada no âmbito da eletricidade, ou no da qualificação da velhice como o entardecer da vida. Do mesmo modo, a natureza é, por vezes, descrita como mãe ou como madrasta, para sublinhar os seus aspetos respetivamente positivos ou negativos. «Natureza» e «natural» são termos que também usamos na vida quotidiana, mas os filósofos têm produzido reflexão sobre eles. Natureza pode indicar aquilo que uma coisa propriamente é, quando dizemos, por exemplo, que a natureza do fogo consiste em queimar, mas pode também indicar o conjunto das coisas que povoam o cosmos. Se entendermos por natureza o princípio da vida e do movimento, o domínio da natureza configura-se, então, como o conjunto das coisas suscetíveis de nascerem, crescerem e morrerem, e, neste sentido, também o homem pode ser considerado como fazendo parte do mundo da natureza. Às vezes, porém, o termo pode ser usado para designar especificamente as entidades do mundo físico, distintas do homem, assumindo que o homem possua características – por exemplo, espirituais – ausentes nos seres que pertencem ao mundo da natureza. Nesse caso, o termo natureza opõe-se à noção de espírito. O conteúdo do termo «natureza» é, de facto, amiúde especificado também mediante a sua oposição a tudo aquilo que advém da iniciativa do homem e, portanto, das leis e dos costumes instituídos pelos homens, das atividades técnicas, em geral, e das atividades designadas como «cultura». Mas o âmbito gerado pelas construções humanas é caracterizado pela variabilidade, enquanto os acontecimentos ou fenómenos naturais parecem caracterizados por forte regulação, tendem a repetir-se de maneira sempre igual e uniforme. Daqui emerge a noção de «natural» como aquilo que se apresenta sempre do mesmo modo, distinto daquilo que é puramente casual ou convencional ou resultado de um processo histórico. Neste sentido, fala-se, por exemplo, de direito natural para indicar aquelas normas de valor universal, independentemente das leis positivas instituídas por cada Estado, mas também, pelos que têm convicções religiosas, em relação ao que é considerado sobrenatural.

Todavia, é sempre difícil, se não mesmo impossível, traçar linhas de divisão claras entre aquilo que é conforme à natureza e aquilo que é contranatura, sobretudo quando se trata de comportamentos humanos. Nestes casos, o uso da expressão «contranatura» tem a mera função de condenar determinados comportamentos com base em supostos juízos de valor ou, para dizer melhor, preconceitos que não têm base cognoscitiva. Nascem, assim, problemas delicados, sobretudo no âmbito das questões morais a respeito da vida humana, da família, do nascimento, da doença e da morte. Também porque se excogitam continuamente novos instrumentos técnicos, capazes, por exemplo, de prolongar artificialmente a vida que, ao invés, entregue a si própria, redundaria «naturalmente» na morte. Nestes casos, a técnica opõe-se à natureza, ou é possível um cruzamento entre os dois planos?

3. Mas tomemos em consideração uma palavra apenas aparentemente simples como «liberdade». Um primeiro significado é dado pela sua oposição à noção de escravidão. No antigo mundo grego e romano e no sul dos Estados Unidos até ao século XIX, o escravo era propriedade de outro indivíduo e, portanto, inteiramente submisso ao poder deste último. Nestes contextos, ser livre queria dizer, em primeiro lugar, não ser escravo. Afirma-se aqui um conceito de liberdade em sentido primariamente negativo, como ausência de constrições, independência relativamente a alguém. A área de liberdade é inversamente proporcional ao poder exercido por outros: um indivíduo é mais livre quanto menor for o poder dos outros sobre ele. Tal poder pode basear-se na constrição física, mas também em formas de constrição mental ou afetiva, as quais geram em quem as sofre uma forma de submissão. Pertencem a este âmbito as formas de submissão de um parceiro relativamente a outro numa relação amorosa, ou então de um indivíduo em relação ao grupo a que pertence, o que pode conduzir a formas de violência para com os outros, para se adequar aos modelos de comportamento exigidos pelo grupo. É esta forma de ausência de liberdade que caracteriza também os comportamentos de *bullying* ou de agressão em grupo: aqueles que a exercem consideram-se livres, mas dificilmente o são. Existem formas de servidão voluntária em relação a alguém ou alguma coisa – por exemplo, em relação às drogas –, que

transformam os hábitos em dependência, mas também em relação a modelos propagados pelos meios de comunicação social ou pelas redes sociais, em relação à propaganda política ou publicidade. Em geral, também podemos tornar-nos dependentes da forma como gostaríamos de parecer ou de como gostaríamos de ser considerados pelos outros. O protagonista do romance *A Primavera Há-de Chegar* (1938), de John Fante, filho de um emigrante italiano nos Estados Unidos,

> chamava-se Arturo, mas teria preferido chamar-se John. De apelido era Bandini, mas teria preferido ser americano. O seu pai era pedreiro, mas teria preferido tornar-se o lançador dos Chicago Cubs [...]. Tinha o rosto sardento, mas teria preferido tê-lo limpo. Frequentava uma escola católica, mas teria preferido frequentar uma escola pública. Namorava com uma rapariga chamada Rosa, que o detestava. Era acólito, mas na realidade era um demónio que detestava os acólitos. Teria gostado tanto de ser um bom rapaz, mas tinha medo de se comportar como bom rapaz, pois temia que os seus amigos o achassem um bom rapaz.

Por maior que seja o poder de uma pessoa, esse poder nunca é total e absoluto. Em *Memórias de Adriano*, Marguerite Yourcenar faz dizer ao imperador:

> numa só coisa me sinto superior aos homens comuns: sou, em simultâneo, mais livre e mais submisso do que eles ousariam sê-lo. Quase todos desconhecem, em igual medida, a sua justa liberdade e a sua justa servidão. Eles amaldiçoam os seus ferros; por vezes, parecem vangloriar-se deles. Por outro lado, gastam o tempo em vãs licenciosidades; não sabem pôr a si próprios o jugo mais leve de todos. Quanto a mim, busquei mais a liberdade do que o poder, e só busquei o poder porque, em parte, ele favorecia a liberdade [...]. A vida era, para mim, um cavalo de que se desposam os movimentos, mas só depois de o ter adestrado da melhor maneira.

Também os tiranos estão sujeitos a formas de dependência e, portanto, a formas de não liberdade: em primeiro lugar, em relação ao próprio corpo, mas também à influência de outras pessoas. Não é por acaso que nas religiões monoteístas a omnipotência é uma prerrogativa reservada só a Deus. Neste sentido, a liberdade humana surge sempre condicionada, sempre mais ou menos ampla, nunca total. No romance *O Outono do Patriarca* (1975), o escritor colombiano Gabriel García Márquez construiu uma imagem emblemática do ditador sul-americano. Este livra-se dos seus rivais, tortura e mata os membros de uma conspiração contra ele, faz desaparecer numa floresta doze mil crianças que extraíam os números da lotaria, «por receio de que contassem porque é que a taluda presidencial ganhava sempre», de maneira a escapar à investigação levada a cabo pela Comissão da Sociedade das Nações. Depois, manda descarregá-los dentro de um barco cheio de cimento, que faz explodir com dinamite e, de seguida, manda fuzilar os oficiais que tinham sido encarregados da tarefa. Chega mesmo ao ponto de envenenar mortalmente o seu sósia Patricio Aragonés, que ele obrigava a participar em funções públicas nas quais não queria correr o risco de comparecer. Por fim, proclama uma amnistia geral, consciente de que «o problema deste país é que as pessoas têm demasiado tempo para pensar» e de que ele «nunca tinha sido nem nunca seria o dono do seu poder». Ele

> sabia desde as suas origens que o enganavam com complacência, que se faziam pagar para o adular, que recrutavam com a força das armas as multidões concentradas à sua passagem com gritos de júbilo e cartazes que desejavam vida eterna ao magnífico..., mas aprendeu a viver com essas e com todas as misérias da glória, à medida que descobria com o passar dos seus anos incalculáveis que a mentira é mais cómoda do que a dúvida, mais útil do que o amor, mais duradoura do que a verdade, tinha chegado sem surpresa à ficção da ignomínia de comandar sem poder, de ser exaltado sem glória e de ser obedecido sem autoridade, quando se convenceu, no caminho de folhas amarelas do seu outono, de que jamais seria dono do seu poder, de que estava condenado a conhecer a vida apenas ao contrário (isto é, sem amor).

Quanto maior for *a liberdade em relação a*, ou seja, a independência em relação a limitações externas, maior pode ser *a liberdade de*, isto é, a liberdade positiva de escolher e empreender determinadas ações.

Dificilmente nos questionamos sobre este aspeto da liberdade e em que é que ela consiste. Em 1970, Ennio Flaiano, também conhecido como guionista de muitos filmes de Federico Fellini, escreveu um apólogo em que imaginava que a liberdade ia pelas ruas e interrogava os transeuntes. Eis algumas das respostas que recebeu:

> Meta-se na sua vida. – Não pense nisso. – Não meta o nariz onde não é chamado. – Deixa para lá. – Para que é que queres saber? – Foi o médico quem te disse para o fazeres? – És pago para fazer isso? – Estás cansada de não fazer nada? – Estás farta de viver? – Albarda-se o burro à vontade do dono. – Não sejas estúpida. – Não te metas em problemas. Ao que a liberdade comentou: «Esta gente é muito sábia, não precisa de mim.» Com efeito, começou a sair menos e, certo dia, anunciou mesmo que se ia embora. Aos jornalistas que a assediavam para saber os motivos da sua decisão respondeu de maneira bastante enigmática. A sorrir, disse: «A liberdade deve manter-se em contínua reparação.»

Amiúde, a *liberdade de* é mal-entendida ou banalizada no sentido genérico de fazer tudo o que se quer. Trata-se, então, de refletir com um pouco mais de profundidade. Pode-se falar, por exemplo, de liberdade de querer, fazendo referência a um pensamento que exprime uma preferência e ordena que se escolha aquilo que resulta ser preferível. Porém, vai acompanhado pela liberdade de fazer, isto é de pôr em prática aquilo que o pensamento ou a vontade ordenam. Mas para pôr em prática esta ordem é necessário ter o poder de o fazer. Quando se considera que cada um é causa única e incondicionada das suas ações, então entende-se a liberdade como autodeterminação e plena autonomia. Fala-se, às vezes, também de liberdade de indiferença ao escolher entre «a» ou «b», entre o bem e o mal, no sentido que o indivíduo disporia da possibilidade de realizar atos opostos e de ser a única causa autêntica destas ações. Mas à pergunta «teria podido agir de maneira diferente?» pode responder-se às vezes sim, mas também às vezes não, já que se pressente que somos como que constrangidos a agir de uma maneira e não de outra. A *liberdade de*, porém, está ligada frequentemente às noções de possibilidade e de escolha (de fazer ou não fazer determinada coisa) e é caracterizada não como liberdade absoluta, mas como liberdade condicionada, capaz de mover-se entre âmbitos delimitados de possibilidade que encontra abertos à sua frente. Os campos em que esta forma de liberdade positiva pode exprimir-se são múltiplos: liberdade de exprimir opiniões diferentes das opiniões dominantes, liberdade de praticar determinada religião, liberdade de desenvolver atividades económicas, etc.

Já Heródoto, o historiador grego, sublinhava que o poder de um só corrompe: o facto de lhe ser lícito fazer o que quer sem prestar contas a ninguém leva-o a transgredir qualquer norma e a ultrapassar qualquer limite às suas possibilidades de ação. O tirano, diz Heródoto, deveria ser «desprovido de inveja, uma vez que possui todos os bens»; ele, ao invés, «tem inveja dos melhores por sobreviverem e ficarem no mundo, dá-se bem com os piores e é muito bom a acolher calúnias. Mas o aspeto mais contraditório de todos é que, quando usufrui de admiração moderada, irrita-se por não ser muito obsequiado; se, ao invés, é muito obsequiado, também se irrita, pois acha que é adulação.» O tirano pareceria, portanto, usufruir de uma liberdade ilimitada, sem obstáculos, e, no entanto, ele também sofre um condicionamento radical: o medo, o medo de perder o poder, o medo da conspiração e da traição, como se viu no caso do patriarca de García Márquez e como se pode ver em numerosos filmes e telefilmes sobre a máfia e outros criminosos. Assim que se torna lobo, o tirano é obrigado a manter-se lobo, a continuar a devorar para não ser devorado. Como disse Vittorio Alfieri na tragédia *Antígona*, escrita em 1777, «no trono treme quem te faz tremer», e, como foi dito por Diego Lanza no estudo *O Tirano e o seu Público* (1977), «o tirano não é apenas aquele que priva os outros da sua liberdade, mas é também aquele que se priva a si próprio da sua liberdade». De facto, parece que não existe uma liberdade absoluta que não encontre à sua frente um qualquer limite, não apenas externo, mas também dentro de si.

Em oposição às conceções tirânicas do poder, reconheceu-se que as leis são o limite que uma sociedade lhes deve opor, em que a liberdade se torna o direito de cada cidadão de fazer tudo aquilo que as leis permitem ou não proíbem, porque, como disse Montesquieu no século XVIII, «se um cidadão pudesse fazer tudo o que as leis proíbem, deixaria de ser livre, porque também todos os outros teriam esse mesmo poder». Pensemos no debate atual sobre as vacinas. Por vezes, reivindica-se a liberdade de vacinar ou não os próprios filhos, mas o exercício desta liberdade corre o risco de prejudicar os filhos dos outros, favorecendo a eventualidade de contágios. Isso significa que numa sociedade o exercício da liberdade encontra o seu limite no dano que ela pode trazer aos outros. Com este critério também se pode mensurar o grau de liberdade das formas de organização política. Nas democracias modernas, a *liberdade de* exprime-se, de facto, no plano político, principalmente através do voto nas eleições para os representantes no Parlamento. Houve casos – por exemplo, os ocorridos sob Mussolini ou Hitler – em que a votação exprimiu uma maioria favorável a partidos que trouxeram a eliminação das votações livres. Poderá, porventura, dizer-se que tais votações – que conduziram à eliminação da *liberdade de* –, foram realmente livres, ou só se pode falar de liberdade quando esta se exprime em escolhas que continuam a manter aberta a possibilidade de escolha? Na vida privada diz-se habitualmente que uma relação amorosa ou um casamento cria um vínculo e, portanto, uma espécie de dependência, mas isso também pode ser interpretado não como uma limitação da possibilidade de escolhas, mas como uma escolha continuamente renovada. Se tal não acontece, a relação de amor ou de afeto é concebida como posse da outra pessoa; nesse sentido, no momento em que a relação termina, tal facto é interpretado, sobretudo pelos homens, como uma perda de poder sobre a outra pessoa, dando por vezes lugar a gestos trágicos de violência, chegando mesmo à eliminação física do outro, entendida como extrema revindicação de propriedade sobre o outro. No ciclo de romances *A Família Forsyte*, publicados a partir de 1906 pelo inglês John Galsworthy, o rico proprietário Soames Forsyte desposou Irene, a qual, ao tomar consciência do erro cometido, o rejeita quase de imediato. Soames não quer acreditar, a coisa parece-lhe incrível, pois é sua convicção indiscutível que o matrimónio lhe conferiu propriedade e poder sobre a mulher, até porque, como era hábito nas classes superiores da época, a mulher não trabalhava e, portanto, era economicamente dependente do marido. Certo dia, portanto, obriga-a a unir-se sexualmente a ele. No fundo, é a ideia de que um indivíduo vale pelo que possui: bens, dinheiro, mas também mulher e filhos.

Segundo Soames, só os loucos podiam pensar de maneira diferente, ou então os socialistas ou os libertinos. Só se um homem tiver dinheiro é que é livre de facto e segundo a lei; se não tiver dinheiro, é livre segundo a lei, mas não de facto. Por outro lado, porém, ele não quer divorciar-se, pois tem medo do julgamento dos outros. Tratava-se, na realidade, observa Galsworthy, de «um homem escravizado pelo seu próprio instinto possessivo».

Estes são alguns dos aspetos relacionados com a palavra, aparentemente simples, liberdade.

4. As palavras podem ajudar a compreender pessoas ou situações, podem aliviar o sofrimento, criar e fazer crescer amizades e amores, ou fazê-los cessar. Em *Otelo*, de Shakespeare, Iago promete que derramará «a peste da suspeição nos ouvidos de Otelo» sobre uma suposta traição da mulher Desdémona com o seu lugar-tenente Cássio, e isso, como se sabe, levará Otelo a matar a mulher. Como dizia Fouché, o ministro da Polícia de Napoleão, as palavras também são feitas para esconder os pensamentos, e, por vezes, usam-se muitas palavras para esconder a falta de pensamentos. Para o avarento Molière «dar» era uma palavra tão repugnante que nunca dizia «dou-vos os bons dias», mas «empresto-vos os bons dias». Trata-se de um poder terrível: as palavras podem também incrementar o ódio, convencer a declarar guerra, a ferir ou destruir os outros, como se pode constatar, hoje, também entre os jovens. O escritor russo Antón Tchekóv, em *Um Facto Ocorrido. Conto de um Almocreve*, escreveu: «A palavra não é um pássaro, que, se voa, nunca mais o agarras.» É, portanto, enorme a responsabilidade das palavras ditas, por causa dos efeitos positivos ou negativos que podem produzir nos outros. Existe uma moral também no uso das palavras, inclusivamente das palavras gerais usadas no dia a dia, de cujo alcance não nos damos conta. Daqui a importância do trabalho linguístico que se pode encontrar nos escritos dos filósofos, orientados para o esclarecimento dos significados, para não se criarem confusões ou mistificações no uso das palavras, um trabalho que pode contribuir para o seu uso responsável. Pode ajudar a pedir contas, a quem as usa, sobre o que quer dizer, isto é, a responder. Coisa que nem sempre fazem ou sabem fazer aqueles que as usam, sobretudo nas

esferas públicas da política ou do mercado: pense-se nas muitas palavras usadas na publicidade ou nas teorias «pseudomédicas» difundidas de maneira arbitrária. Pode ser útil cultivar uma boa desconfiança sobre o que se encontra escrito ou dito, não para rejeitar automaticamente (pois pode passar no crivo da prova e do controlo), mas para tentar separar o trigo do joio. Já o dizia, em 1977 e 1978, com extrema clareza, Italo Calvino em duas respostas a inquirições jornalísticas, mas obviamente a coisa pode valer também para hoje:

Bem vistas as coisas, que a palavra padeça de uma doença grave já é claro há algum tempo: por exemplo, na linguagem política verificou-se um empobrecimento, um desvanecimento, um apagamento dos significados. Hoje, a rejeição da palavra, o já não querer escutar, parece-me sinal de um desejo de morte. Tender para a condição em que nada do que vem de fora nos pode tocar, em que o *outro* não vem perturbar o estado de completude que julgamos ter alcançado, significa invejar a condição dos mortos. A intolerância é uma aspiração a que o fora de nós seja igual ao que julgamos ser o dentro de nós, isto é, igual a uma caracterização do mundo. Em alguns casos, o intolerante é mortífero; em todos os casos, ele próprio é um morto [...]. O diabo hoje é o aproximativo. Por diabo entendo a negatividade sem remição, de onde nenhum bem pode advir. Nos discursos aproximativos, no generalismo, na imprecisão de pensamento e de linguagem, sobretudo quando acompanhadas de complacência e petulância, podemos reconhecer o diabo como inimigo da clareza, tanto interior como no relacionamento com os outros. O diabo como personificação da mistificação e da automistificação. Falo do aproximativo, não do complicado; quando as coisas não são simples, não são claras, pretender a clareza, a simplificação a todo o custo, é leviandade, e precisamente esta pretensão obriga os discursos a serem genéricos, ou seja, falsos. Ao invés, o esforço de tentar pensar e exprimir-se com a máxima exatidão possível, precisamente perante as coisas mais complexas, é a única atitude honesta e útil. Conseguir definir as próprias dúvidas é muito mais concreto do que qualquer afirmação perentória cujos fundamentos se baseiem no vazio, na repetição de palavras cujo significado se desgastou com o uso excessivo.

Capítulo 3

PROCURAR RESPOSTAS

1. As crianças procuram respostas para as suas perguntas sobretudo dos pais e das pessoas que lhes são próximas. Nem sempre é fácil responder-lhes e nem sempre as crianças ficam satisfeitas com as respostas. O psicólogo Jean Piaget referiu o caso de uma criança que, a propósito de uma bola num terraço ligeiramente inclinado, fez a pergunta «porque é que a bola rebola?», à qual se respondeu: «porque está numa descida». Mas a criança não ficou satisfeita com a explicação e fez outra pergunta ao seu interlocutor: «Mas a bola sabe que tu estás aí?» Segundo Piaget, esta pergunta não significa que a criança atribui uma consciência humana à bola. O facto é outro, ou seja, o de que ela representa o movimento como necessariamente orientado para um objetivo, não como um facto puramente mecânico. Nas crianças, todavia, prevalece uma certa disposição para acreditarem no que lhes é dito, uma confiança implícita naqueles que delas cuidam e nos quais identificam sinais contínuos de afeto. Por este motivo, alguns chegaram a defender que seria preferível não dar respostas a coisas e perguntas que estão fora do alcance das crianças, para não correr o risco de instilar nelas, ao invés de respostas verdadeiras, apenas ideias vagas, más ou preconceitos, das quais depois é difícil libertarem-se. A clássica resposta à pergunta «De onde vêm os bebés?», «São trazidos

pela cegonha», cria as condições para que elas descubram não apenas o erro, mas também a mentira e o engano.

Também nos adultos, que podem igualmente fazer experiência da falsidade de outros indivíduos e, portanto, nutrir graus razoáveis de desconfiança, a credulidade nunca desaparece por completo. Dá-se, aliás, crédito a afirmações ou histórias, por exemplo difundidas pela Internet, que com algum grau de reflexão e controlo se poderia descobrir que não podem ser verdadeiras. Pensemos no crédito dado aos horóscopos, que já eram criticados na Antiguidade: se admitimos que os corpos celestes influenciam a vida dos homens porque é que, então, nos limitamos apenas a alguns deles e não consideramos as inúmeras estrelas que povoam o céu?

É sobretudo na adolescência que se buscam respostas aos próprios porquês. Aproveitando o contacto com os amigos, professores ou religiosos, a leitura de livros, o visionamento de filmes e de obras de arte, desenvolvem-se formas de pensamento capazes de se distanciarem do real na sua especificidade e de elaborarem reflexões e raciocínios de carácter geral. Por vezes, isso resulta na construção de visões do mundo alternativas às dos «adultos», em certos aspetos inatuais, não ligadas apenas à realidade vivida no dia a dia, mas orientadas, ao invés, para um desejo de mudar o mundo. Às vezes, porém, porventura mais frequentemente, chega-se a resultados opostos, aceitando-se crenças difusas, partilhando-se o chamado «senso comum», ativo em círculos próximos, na família ou entre os amigos e as amigas ou entre colegas de trabalho ou em comunidades religiosas e políticas. Nestes casos, o risco é o de que estas crenças acabem, amiúde, por serem óbvias e indiscutíveis, sem suscitarem a pergunta sobre se são ou não aceitáveis e com que fundamento. Esta é uma das raízes da possível violência contra os outros. De todas as formas, não é por isso que acabam por completo os problemas também para os adultos e que acaba a necessidade de lhes dar respostas apropriadas.

Há situações-limite em que dar resposta se torna trágico e sem sentido, tal como no campo de concentração de Primo Levi era impossível e não fazia sentido fazer perguntas. No capítulo «Os Visitantes» do livro de Julian Barnes *A História do Mundo em Dez Capítulos e Meio* (1989), um grupo de terroristas ocupa um barco de cruzeiro para obter a libertação de alguns dos seus camaradas prisioneiros, enquanto o guia-turístico Franklin Hughes está a dar uma conferência sobre a antiguidade da ilha de Creta. Quando fica a saber pelo chefe dos terroristas que estes, se não obtiverem a libertação dos prisioneiros, matarão um par de turistas a cada hora, Franklin exclama: «Jesus. Subir a bordo e matar pessoas inexplicavelmente.» Ao que o outro responde com uma pergunta sarcástica: «Na sua opinião, era melhor que lhes explicássemos porque os matamos?» E Franklin responde: «Bom, na verdade, sim.» E o outro rebate: «Ah, sim? E acha que por isso iam mostrar-se compreensivos?» De seguida, porém, o chefe acolhe o conselho do guia: «Tem razão, se possível há que explicar-lhes as coisas. Até um soldado sabe os motivos por que combate. É justo, portanto, e correto que também os passageiros sejam informados.» E impõe ao guia, «comunicador de ofício», que «sabe ser muito convincente», que seja ele próprio a dar explicações aos passageiros. Em troca promete-lhe que aceita como válida a nacionalidade irlandesa da sua namorada, na realidade inglesa, que Franklin, ao invés, tinha feito passar por sua esposa. Franklin aceita com resignação tal tarefa e expõe as razões que os terroristas aduziam para legitimar a sua ação, isto é, os delitos e as culpas do Ocidente a partir da criação do Estado de Israel. A certo ponto, porém, percebe «num sector do público uma espécie de muda hostilidade, mas, sobretudo, e estranhamente, uma mais difusa indiferença entediada, como se já tivessem ouvido aquela história e não a aceitassem por nunca terem acreditado nela». No fim, retirado na sua cabina, Franklin ouve os disparos e os baques da queda dos corpos atirados aos pares para o mar, até que as Forças Especiais americanas libertam o barco e matam o chefe dos terroristas e o seu vice, de modo que não se salva ninguém capaz de confirmar o pacto que tinha sido estipulado. A conclusão é que a namorada de Hughes nunca mais lhe dirige a palavra

Fora destas situações extremas, dar respostas e explicações pode, contudo, desempenhar funções importantes na vida quotidiana. Como dizia Molière, «quando se enforca alguém, diz-se-lhe o porquê». Os filósofos não têm o monopólio das perguntas, mas também não têm o das respostas. Pensemos, por exemplo, nas investigações judiciais e policiais, onde, porém, as respostas consistem nas soluções dos casos específicos, em encontrar os responsáveis por cada um dos atos criminosos. Todos os romances policiais, desde Edgar Allan Poe a Arthur Conan Doyle, criador de Sherlock Holmes, passando por Agatha Christie, com o seu Hercule Poirot, ou por Georges Simenon, com o seu Comissário Maigret, foram construídos nesta base. Mas também os filmes, os espetáculos de teatro, os contos e as narrativas respondem a perguntas, exprimem, através das vicissitudes e das reflexões das suas personagens, modos de ver o mundo e a vida. Quando assistimos a estes espetáculos ou lemos estes livros sabemos que se trata de uma ficção construída pelos autores e que não se trata de indivíduos que existiram de facto. Às vezes, porém, afigura-se-nos possível que algo do género pudesse acontecer também connosco, encontrarmo-nos também perante escolhas difíceis ou sofrer vicissitudes traumáticas. Aquilo que diz respeito a uma personagem assume, assim, um alcance geral, torna-se exemplo de uma situação possível. Numa conferência a que tive o privilégio de assistir – no contexto da Mostra de Veneza, em 1965 –, e que se intitulava «Comemoração Provisória da Personagem-homem, o crítico e historiador da literatura Giacomo Debenedetti iniciou da seguinte maneira:

> Chamo personagem-homem àquele *alter ego*, inimigo ou parecido, que em dezenas de milhares de exemplares, todos diferentes uns dos outros, vem ao nosso encontro através dos romances e, agora, também dos filmes. Diz-se que a sua profissão é a de nos responder, mas muito mais amiúde somos nós chamados a responder-lhe. Se lhe pedimos que se nos dê a conhecer, como acontece com os polícias à civil, ele vira a lapela do blusão, exibe a placa onde está escrita a mais importante das suas funções, que é também o seu lema heráldico: *trata-se de ti também*. Aí, não há fuga possível, é preciso deixar que se intrometa.

Os romances de Charles Dickens são famosos também pelas inúmeras personagens que ele criou, todas elas únicas. A este propósito, a escritora Virginia Woolf comentava: «Dickens deve a sua extraordinária capacidade de dar vida às personagens ao facto de olhar para elas com o olhar de uma criança.» Romances e filmes tentam furtar-se à criação de estereótipos abstratos. Era o que Gustave Flaubert recomendava ao mais jovem Guy de Maupassant: dada «a verdade de que não existem, no mundo inteiro, dois grãos de areia, duas moscas, duas mãos ou dois narizes absolutamente iguais, forçava-me a exprimir, em poucas frases, um ser ou um objeto de maneira a pormenorizá-lo detalhadamente, a distingui-lo de todos os outros seres ou de todos os outros objetos do mesmo tipo ou da mesma espécie»; por exemplo, descrever um boticário ou um porteiro sentados em frente a uma porta ou a fumar de modo a que eu não os confunda com nenhum outro boticário ou porteiro. Tal não significa que as obras literárias não possam conter teses filosóficas. Por exemplo, o célebre romance *Cândido ou o Otimismo* (1759) de Voltaire mostra a falsidade da tese filosófica defendida pelo doutor Pangloss, segundo a qual tudo aquilo que acontece é o melhor que podia acontecer, pelo que vivemos no melhor dos mundos possíveis. A negação desta tese não é feita através do raciocínio, mas apresentada nas desgraças e vicissitudes dolorosas que as várias personagens sofrem. Por outro lado, há romances em que as teses filosóficas são afirmadas explicitamente pela boca das personagens. Exemplos clássicos são *A Montanha Mágica* (1924) de Thomas Mann, ou *O Homem sem Qualidades* (1930-1933) de Robert Musil. Os próprios filósofos, por vezes, recorreram à forma literária do diálogo para representarem uma discussão filosófica entre personagens, embora mais frequentemente utilizem outras formas literárias, sobretudo livros ou tratados, ensaios ou artigos de revista, que desenvolvem de maneira continuada e, amiúde, impessoal os seus raciocínios gerais.

De todas as formas, existe, de facto, uma interação entre filosofia e literatura, como sublinha mais uma vez Italo Calvino num texto publicado no *Times Literary Supplement* de 1967:

> A relação entre filosofia e literatura é uma luta. O olhar dos filósofos atravessa a opacidade do mundo, anula-lhe a espessura carnosa, reduz a variedade do existente a uma teia de relações entre conceitos gerais, fixa as regras e, por isso, um número finito de peças movendo-se num tabuleiro exibe um número porventura infinito de combinações. Chegam os escritores e as abstratas peças de xadrez substituem rei, rainha, cavalos, torres por um nome, uma forma determinada, um conjunto de atributos reais ou equinos, no lugar do tabuleiro estendem campos de batalha

poeirentos ou mares em tempestade; eis que as regras do jogo deixam de valer, eis um ordenamento diferente do dos filósofos que se deixa lentamente descobrir. Ou seja: quem descobre estas novas regras do jogo são novamente os filósofos, os quais, por desforra, demonstram que a operação levada a cabo pelos escritores é redutível a uma operação das deles, que as torres e os peões determinados não eram mais do que conceitos gerais travestidos. Assim prossegue a disputa, cada uma das duas partes certa de ter dado um passo em frente na conquista da verdade ou, pelo menos, de uma verdade, e, ao mesmo tempo, consciente de que a matéria-prima das próprias construções é a mesma das outras: palavras. Mas as palavras, tal como os cristais, têm faces e eixos de rotação com várias propriedades, e a luz refrata-se de modos diferentes consoante os cristais-palavras estejam orientados, conforme as lâminas estejam cortadas e sobrepostas. A oposição literatura-filosofia não exige resolução; pelo contrário, só quando é considerada permanente e sempre nova é que nos dá a garantia de que a esclerose das palavras não se fecha sobre nós como uma calota de gelo.

E isso sem que as duas atividades façam concorrência uma à outra ou troquem de papéis.

2. Também as religiões dão respostas e visões gerais do mundo e, portanto, apresentam modelos de vida aos quais podemos conformar-nos. Na base das religiões existe, muitas vezes, uma revelação divina, que nas religiões monoteístas encontra expressão num texto sagrado: a Bíblia, o Alcorão ou os Evangelhos. Aquilo que distingue estas conceções das respostas aos problemas dadas pela filosofia é que estas são quase sempre suportadas por razões que justificam – ou procuram justificar – porque são dadas e porque se considera que são respostas justas. São respostas que exprimem não apenas pontos de vista individuais, mas pretendem ter valor geral, de modo a poderem ou deverem ser acolhidas também por outros capazes de avaliar a sua precisão. De facto, qualquer filósofo que argumente, por escrito ou de viva voz, tem em mente um ou alguns (mais ou menos numerosos) destinatários. É possível, portanto, que faça apelo a crenças partilhadas pelos destinatários e, portanto, são esses quem ele almeja convencer.

Mas em princípio, o filósofo dirige-se a um auditório universal, não apenas do seu tempo, mas também do futuro, formulando raciocínios que valem ou pretendem valer em geral, independentemente dos indivíduos a quem se dirigem e das circunstâncias específicas. O objetivo é ser convincente, potencialmente, para «todos», não porque os filósofos esperem alcançar um consenso efetivo de todos: sabem bem que só uma minoria lerá os seus escritos. Todavia, consideram que aqueles que compreenderem os seus raciocínios também vão acolher as suas conclusões.

Tais respostas, os filósofos não as encontram já dadas nas crenças difusas e consideradas comummente óbvias. Amiúde, aliás, eles põem-nas em discussão e vão, assim, em busca de respostas também fora dessas crenças. E nem se contentam com raciocínios como o do Sr. Pell – em *Os Cadernos Póstumos do Clube Pickwick* (1836) de Charles Dickens –, o qual, perante a notícia da morte da mulher de outra personagem, diz: «Meu Deus, apenas 52 anos! Que desgraça! Quem diria!», ao que outro responde dizendo que, de facto, com este género de coisas, nunca se sabe o que pode acontecer. E Dickens comenta: «tal observação, contendo um daqueles subtis princípios que é difícil atacar com um raciocínio, não foi contraditada por ninguém». Os filósofos sentem, portanto, a necessidade de se encaminharem por vias que permitam obter respostas satisfatórias para problemas gerais. A metáfora do caminho exprime a dimensão de busca própria da sua atividade. A palavra «método» tem origem na língua grega antiga para significar o caminho (*hodós*) que tem de ser seguido para se atingir determinada meta. Para encontrarmos respostas certas em que é que temos de confiar? Os nossos órgãos dos sentidos dão-nos muitas informações sobre as coisas que povoam o mundo, mas nem sempre essas informações são corretas; por vezes, aliás, quando nos encontramos em condições desfavoráveis, os sentidos podem enganar-nos, e, portanto, não é suficiente crer neles. Por outro lado, como já vimos, eles colocam-nos perante coisas, pessoas ou acontecimentos específicos, nunca em contacto direto com noções gerais: percecionam seres humanos individuais, nunca o homem em geral. Sobretudo, os sentidos, enquanto tais, não explicam porque é que as coisas que se veem ou se escutam ou, em geral, se percecionam são aquilo que são. Os filósofos, então, procuram explorar se, além dos sentidos, existem também outras vias e outros instrumentos, como a memória, a imaginação, o intelecto ou a razão, que permitam chegar ao conhecimento destas noções gerais. Mas para efetuar essa busca é necessário pôr em ato formas de raciocínio, que são os ingredientes essenciais do trabalho filosófico. Os filósofos não se contentam com responder sim ou não às perguntas, mas acompanham as suas respostas de raciocínios que funcionam como provas aduzidas para demonstrar que a resposta é correta.

Os homens podem exercer muitas atividades e muitos ofícios sem necessariamente formularem de maneira explícita as regras que seguem ao exercê-las. O mesmo vale para os raciocínios: também na vida quotidiana são amiúde usados raciocínios corretos, sem que quem os usa tenha consciência das regras com base nas quais são construídos. Aliás, por vezes, é preferível, enquanto fazemos alguma coisa, não nos distrairmos a pensar sobre como a estamos a fazer. Demonstrou-o com ironia Italo Svevo no romance *A Consciência de Zeno* (1923). Zeno encontra um amigo manco que o entretém sobre a sua doença:

> ... tinha estudado a anatomia da perna e do pé. Contou-me a rir que, quando se caminha a passo rápido, o tempo em que se desenrola um passo não ultrapassa meio segundo, e que nesse meio segundo moviam-se nada mais nada menos do que cinquenta e quatro músculos. Estupefacto, fui logo com o pensamento às minhas pernas em busca da máquina monstruosa [...]. Saí daquele café a coxear e durante alguns dias coxeei sempre. Caminhar, para mim, tornou-se um trabalho pesado e, até, levemente doloroso [...]. Ainda hoje, dia em que escrevo, se alguém olha para mim enquanto me movimento, os cinquenta e quatro músculos atrapalham-se e dou por mim quase a cair.

Sobretudo quando nos encontramos perante decisões a tomar, um excesso de raciocínios, que não conseguem encontrar a solução preferível, pode ter um efeito paralisante ou consequências imprevisíveis. No romance *A rotoli* de Tommaso Landolfi (1966), o autor de um assassinato decide fazê-lo parecer um suicídio e hesita entre a alternativa de pôr o revólver na mão direita ou na mão esquerda do morto. Raciocina sobre as várias alternativas partindo de como os investigadores poderiam interpretar a coisa, mas não consegue encontrar a melhor solução e, então, decide escolher à sorte. Atira uma moeda ao ar para ver se sai cara ou coroa, a moeda cai no chão e rebola para debaixo da escrivaninha, mas enquanto ele se verga para ver a moeda, o vigilante que ouviu a moeda a rebolar, antecipa num minuto a sua ronda de turno e apanha-o em flagrante. Landolfi conclui: «Até que ponto pode alguém mergulhar em reflexões inúteis. E repara naquilo em que confiamos a nossa sorte: teria sido mais fácil atirar a moeda para o tapete do que para o pavimento.» Isso não significa renunciar aos raciocínios, já que estes nem sempre alcançam resultados tão inusitados.

3. Os filósofos não só utilizam consciente e sistematicamente muitas formas de raciocínios como chegam a analisar as regras com base nas quais os constroem, para verificarem quando são válidos ou quando estão incorretos. É o campo de investigação a que se chamou «lógica». Aqui vou apenas referir algumas destas formas que poderemos encontrar quando se leem livros de filosofia. Em geral, um raciocínio é feito de um ou mais pontos de partida, designados de «premissas» (nas quais se assume que algo é ou não é ou que tem ou não tem determinada propriedade). A partir destas premissas deduzem-se conclusões, que podem valer como respostas a determinadas perguntas. O ponto de partida pode ser dado, por exemplo, pela observação repetida de que os muitos seres humanos que vou encontrando estão todos sujeitos a morrer, e daqui concluo que, portanto, todos os seres humanos são mortais. Trata-se de uma via, designada de *indução*, que consiste em passar da observação de vários casos individuais para uma afirmação universal, respeitante a todos os casos daquele género. Mas é possível tirar a conclusão de que todos os seres humanos são mortais também por uma via contrária à da indução, uma via chamada *dedução*, que consiste em partir de afirmações mais gerais – por exemplo, a de que todos os animais são mortais e a de que todos os homens são animais – para chegar a esta conclusão menos geral. Quando uma dedução procede de premissas verdadeiras e chega a uma conclusão verdadeira resultante delas, pode dizer-se que se tem uma demonstração verdadeira. Um exemplo típico desta forma de raciocínio, chamado *silogismo* – ou

seja, concatenação de proposições – é o seguinte: «Todos os animais são mortais; todos os homens são animais; portanto (eis a conclusão), todos os homens são mortais.»

Relevantes para a construção dos raciocínios são não só o advérbio «portanto», que introduz uma conclusão, mas também artigos como «e», «ou», «se», de cuja importância nem sempre nos damos conta. A conjunção «e» indica habitualmente a união entre dois ou mais termos: quando se diz que a Laura é boa e gentil pretende-se dizer que a Laura possui ambas as características. Mas se tomarmos como exemplo uma obra do poeta alemão Friederich Schiller intitulada *Sobre a Poesia Ingénua e Sentimental*, a função «e» do título indica que existe uma forma de poesia ingénua, ou seja, natural e espontânea, e uma forma de poesia sentimental, distinta e diferente da primeira, motivo pelo qual uma poesia não pode ser em simultâneo ingénua ou sentimental. Por sua vez, a conjunção «ou» pode equivaler a «ou seja», «ou também». Assim, quando se diz que a granizada ou o aguaceiro destruíram as colheitas, não se exclui a possibilidade de ambos terem destruído as colheitas. Mas o «ou» pode também assumir o valor de uma disjunção, ou seja, indicar uma alternativa: ou uma coisa ou outra. Por exemplo, quando se diz: chove ou não chove, um caso exclui necessariamente o outro. Se digo «chove e não chove ao mesmo tempo», formulo uma contradição, já que em qualquer momento ou chove ou não chove. Esta última é uma alternativa exaustiva, no sentido de que não existe uma terceira possibilidade além de chover ou não chover. Certo, esta alternativa, enquanto tal, não dá muitas informações, pois não me diz se no dia X chove ou não chove. Não por acaso, observava Rabelais no seu *Gargântua e Pantagruel* (1532-1564), é uma forma preferida pelos profetas do futuro, que no início avisam: aquilo que vos vou dizer tanto pode acontecer como não. Assim, não se corre o risco de errar, basta que seja verdadeira metade da sua profecia, como no caso de «chove ou não chove». No entanto, a forma de raciocínio por meio de disjunções exaustivas tem grande relevância na vida quotidiana quando se trata de escolher entre duas coisas ou possibilidades, qual delas a melhor, sem que seja dada uma terceira possibilidade. As coisas, porém, nem sempre são fáceis porque nem sempre se pode ter a certeza de ter identificado todas as possibilidades, por exemplo, quando se procura o motivo que impeliu um assassino a cometer um delito. Pode não ser suficiente elencar como motivo o ciúme ou o ódio ou a avidez.

Os filósofos usam amiúde este tipo de raciocínio. Um exemplo antigo demonstrativo de que a divindade não se ocupa das coisas humanas parte da constatação de que no mundo existe o mal, por exemplo, catástrofes naturais, doenças e por aí adiante. O raciocínio desenrola-se da seguinte maneira: ou a divindade quer impedir o mal, mas não consegue, ou pode impedi-lo, mas não quer, ou não quer nem pode impedi-lo. No primeiro caso seria impotente, no segundo, malvada e, no terceiro, tanto malvada como impotente. Resta uma quarta possibilidade, ou seja, a de que a divindade queira e possa eliminar o mal. Mas nesse caso, surge a pergunta: porque é que não o elimina? A forma deste raciocínio é a seguinte: ou A ou B ou C ou D; mas nem A nem B nem C; sobra, portanto, apenas D, que porém deixa em aberto a pergunta sobre porque é que Deus não elimina o mal do mundo. Uma resposta possível a esta pergunta é, então, a de que não faz parte da realidade divina ocupar-se do mundo e das vicissitudes humanas. Este raciocínio, para ser válido, assume um ponto de partida implícito, isto é, o de que a divindade é boa e omnipotente. Característica saliente é que a função «ou» introduz uma série de alternativas exaustivas, ou seja, completas, para lá das quais não existem outras possibilidades.

Já na Antiguidade se formulou a pergunta de se saber se também os animais, que, sem dúvida, têm frequentemente capacidades percetivas (visão, audição, olfato) superiores às dos homens, seriam capazes de fazer raciocínios deste tipo. Foi dado o exemplo de um cão a perseguir a caça, o qual, chegado a um cruzamento, se encontra na circunstância de ter de escolher por que estrada se encaminhou a sua presa. O faro certamente ajuda-o a escolher a estrada correta, mas pode dizer-se que ele se comporta como se formulasse o seguinte raciocínio: ou A ou B ou C, mas o faro leva-o a excluir A e B e, portanto, segue pelo C. Um cão é certamente capaz de reconhecer o dono ou de saber que existem duas ovelhas num prado, mas será também capaz de saber que 2 + 2 = 4? Outros, ao invés, excluem decididamente que os animais sejam capazes de formular raciocínios que guiem as suas decisões. Um exemplo cómico encontra-se noutro conto de Pirandello, intitulado *Il Signore della nave* (1916). Neste conto, o senhor Lavaccara quer convencer o narrador de que o seu porco é um animal inteligente. O narrador pergunta se é magro, e o outro responde que é gordo, daqui o narrador conclui que, portanto, o animal não é inteligente. Lavaccara considera a conclusão um insulto pessoal, dado que ele também é gordo. O narrador, então, faz a demonstração: quando ele come e engorda, fá-lo para si, não para os outros; já o porco acha que come para si próprio, quando na realidade engorda para os outros. Assim sendo, como pode o porco ser inteligente? Subjacente à amarga ironia de Pirandello, sobre «a famosa inteligência humana», entrevê-se o seguinte raciocínio. Assumem-se como premissas explícitas que o porco come e engorda e que o engordar do porco é em benefício daqueles que o vão matar e comer. A estas premissas acrescenta-se uma premissa implícita, ou seja, que o que é típico da capacidade de raciocinar e do comportamento inteligente é não realizar ações que sejam desvantajosas para o próprio. A conclusão é que o porco, ao engordar, vai ao encontro de um prejuízo para si próprio e, portanto, não pode ser inteligente. Também se pode traduzir esta situação utilizando um raciocínio por absurdo, ou seja, assumindo como verdadeira a tese que se quer demonstrar que é falsa, isto é, que o porco é inteligente. Se o porco fosse inteligente não escolheria comer e engordar (pois isso ser-lhe-ia prejudicial); mas o porco, de facto, come e engorda; portanto, o porco não é inteligente.

O conto de Pirandello também suscita outra forma de raciocínio, baseado naquilo que se designou de «experiência mental», isto é, imaginar ser um porco. Um tremendo exemplo literário disso é o conto de Kafka já mencionado, *A Metamorfose*, onde são descritas as consequências físicas e psicológicas sobre o protagonista e os seus parentes na sequência da sua transformação em inseto. O romance do americano Francis Scott Fitzgerald *O Curioso Caso de Benjamin Button* (1922), recuperando um antigo mito de Platão, mete em cena uma personagem que nasce velha e progressivamente se torna criança, passando sucessivamente do trabalho para a universidade e depois para o secundário e jardim-de-infância, com a mulher a envelhecer enquanto ele rejuvenesce. Também *O Barão Trepador* (1957) de Calvino pode ser lido como experiência mental que esclarece como se vive nas árvores, à maneira dos pássaros, só que neste caso é o protagonista do romance,

Cosimo Piovasco, quem escolhe esse tipo de vida. Estas criações literárias baseiam-se na ideação de uma situação diferente daquelas que, de facto, acontecem. Na sua base, encontra-se uma forma de raciocínio que por vezes é aplicada aos acontecimentos históricos, por exemplo, supondo-se que se o general prussiano Blücher não tivesse chegado a tempo a Waterloo, Napoleão teria vencido a batalha.

Tomemos um exemplo banal e perguntemos: porque é que a bola utilizada nos jogos de futebol é redonda? Pode responder-se que, se fosse quadrada, seria mais difícil pontapeá-la para a fazer andar com maior velocidade e que, ao invés, isso é assegurado pelo facto de ser redonda. Bem vistas as coisas, na base deste raciocínio está o uso da conjunção «se», que é de importância fundamental nos raciocínios filosóficos. Pode-se dizer, por exemplo, que, se chove, então a rua está molhada, em que estar molhada pode ser entendido como consequência do facto de estar a chover. Mas também se pode dizer que se todo o prazer é bom e comer é um prazer, então comer é bom. Neste caso, a partir de um antecedente (isto é, a frase introduzida pelo «Se»), que diz respeito a todos os prazeres, deduz-se uma consequência que vale para um prazer em específico, o de comer. Existem, porém, casos em que nem sempre se podem deduzir consequências deste género. Vale, por exemplo, nos casos respeitantes a termos relativos, isto é, termos que só têm significado em relação a outros termos, aos quais estão necessariamente ligados. São deste tipo, por exemplo, as palavras «maior» ou «pai». Se digo de uma coisa que é maior, deve necessariamente existir outra coisa que é menor do que ela; e se digo que o João é pai, é porque deve haver alguém que é filho dele. Estas relações podem transmitir-se ou não: se disser que A é maior do que B e que B é maior do que C, posso concluir que A é maior do que C. Mas se disser que o Enrico é pai do Alberto e que o Alberto é pai do Marco, não posso concluir que o Enrico é pai do Marco. Com efeito, a relação pai-filho não é simétrica, no sentido que se o Enrico é pai do Alberto, o Alberto não é pai do Enrico. Ao invés, é simétrica a relação de semelhança, no sentido que se o Enrico é semelhante ao Alberto, o Alberto será semelhante ao Enrico.

Nestes raciocínios introduzidos pela conjunção «se», o antecedente pode, por vezes, valer como sinal de outra coisa qualquer, mas também aqui se podem fazer distinções. Embora se diga que «se é dia, há luz», o facto de ser de dia não é propriamente sinal de haver luz, porque é claro, de per si, que há luz. Mas quando se diz que não há fumo sem fogo, o fumo é sinal do facto de que foi ateado fogo, que eventualmente ainda arde e que eu, nesse momento, não vejo. E quando digo que «se uma mulher tem leite nas mamas, então pariu», ter leite é sinal de algo que aconteceu anteriormente. De modo que se alguém tem uma cicatriz é sinal de que foi ferido. Assumir uma coisa como sinal de outra é importante para alcançar conhecimento de uma coisa que nesse momento não se tem a possibilidade de conhecer diretamente ou até para prever algo que acontecerá, como quando se diz, por exemplo, que se a Ileana ingeriu arsénico, a Ileana morrerá. Raciocínios deste tipo estão espalhados quer na vida quotidiana quer nas obras literárias, por exemplo, no teatro trágico. Na tragédia de Sófocles, Édipo, que em pequeno havia sido abandonado fora da cidade e que, portanto, desconhecia quem eram o pai e a mãe, ao regressar à cidade em adulto mata o pai e desposa a mãe sem saber. Como a cidade está devastada pela peste, interpretada como sinal da punição divina, é preciso encontrar o culpado. Édipo, entretanto rei da cidade, dá início a inquirições e, através da identificação de uma série de indícios (isto é, sinais), chega à descoberta de que ele próprio é o culpado.

Os romances policiais, em particular, estão cheios de raciocínios que partem de sinais e de indícios. No primeiro romance em que Sherlock Holmes entra em cena, *Um Estudo em Vermelho* (1877), Arthur Conan Doyle descreve cabalmente o método de investigação. Aqui, o caso a resolver é o de um homem que foi encontrado morto numa casa vazia, sem sinais de feridas no corpo nem indícios de assalto, mas com manchas de sangue na sala. O problema é partir dos efeitos para chegar às causas. Para identificar as causas e, portanto, o culpado, Holmes assume que existem semelhanças entre os vários crimes e que, por isso, é útil conhecer previamente todos os detalhes de um grande número deles. Não há nada de novo debaixo do sol, já tudo foi feito e, por isso, é possível ligar os sinais uns aos outros, mas antes de formular hipóteses é preciso dispor de todos os dados, e estes são observáveis através dos órgãos dos sentidos, não apenas da visão (eventualmente, recorrendo à ajuda de uma lupa) ou do olfato.

Estes dados são depois interpretados como sinais, tanto que Holmes, a partir da observação do aspeto físico e do comportamento de um indivíduo, consegue inferir qual a sua profissão, ou a partir do comprimento entre as pegadas dos seus passos qual a sua altura. Assim, a partir de uma frase na parede deduz que o motivo do crime é uma vingança privada, excluindo que seja roubo ou razões políticas, isto é, aplicando aquele raciocínio mediante disjunções às quais já antes se aludira. Da soma destes indícios, consegue-se restringir o grupo dos que podem ter cometido o delito, até se chegar ao indivíduo em questão: o culpado é um fulano com x de altura, fuma charuto de um certo tipo, é canhoto, etc. Na investigação filosófica, ao invés, como já se disse, o objetivo não é resolver problemas de casos individuais, mas manter-se num plano geral.

4. Não apenas na vida quotidiana, mas também na filosofia nem sempre é fácil formular raciocínios. Um problema particularmente delicado é dado pela escolha das premissas para construir o raciocínio. O pai do protagonista do livro de Sterne, *A Vida e as Opiniões de Tristram Shandy*, «tinha em comum com todos os filósofos o prurido de raciocinar sobre tudo o que acontecia e atribuir-lhe uma razão». Convencido de que existe uma alma humana distinta do corpo, debate-se com o problema de saber onde será a sede corporal dela e formula o seguinte raciocínio: se a morte não é mais do que a separação da alma em relação ao corpo e se é verdade que as pessoas podem andar por aí a resolver os seus problemas sem cérebro, daqui resulta inevitavelmente que a alma não mora no cérebro. Neste raciocínio a conclusão não é sustentável porque a segunda premissa assume a expressão «sem cérebro» em sentido metafórico, isto é, no sentido de estupidamente, enquanto a conclusão a assume literalmente, ou seja, refere-se ao cérebro como órgão do corpo. Mas podemos apresentar situações mais complexas. No conto de Anton Tchékhov *O Fósforo Sueco* (1884), um jovem criado vai ao comissário da polícia informar que o seu patrão foi morto; juntos vão a casa do morto e encontram o quarto fechado por dentro; os investigadores forçam a porta, encontram o dinheiro sem ter sido mexido, mas não o corpo. Só que o quarto, pelo contrário, está virado do avesso e, por isso, conjeturam que os delinquentes entraram

pela janela, pela qual, depois, teriam fugido, levando também o corpo. Entre os vários indícios encontram um fósforo sueco queimado, só que o suposto morto não fumava, e os camponeses do lugar desconheciam o uso de tais fósforos, apenas do conhecimento dos proprietários, e não de todos. Com base nestas informações, os investigadores prendem três indivíduos e suspeitam de que um quarto cúmplice seja uma mulher, até que descobrem que a compradora de uma caixa de fósforos suecos é a jovem mulher do comissário da polícia. Vão, de seguida, ter com ela, que embaraçada revela ter escondido o suposto morto, seu amante, na casa de banho situada num pequeno edifício afastado, onde, de facto, vem a ser encontrado vivo. Como se vê, de uma falsa premissa inicial de que um certo indivíduo estava morto, foi construído um encadeamento de raciocínios baseado em elementos assumidos como indícios de um facto não ocorrido.

Deve usar-se cautela sobretudo quando nas premissas se usam palavras como «todos» ou «ninguém». Podem gerar raciocínios incorretos inclusivamente em casos próximos da vida quotidiana, provocando consequências graves para a vida das pessoas e das sociedades. No romance *Agnes Grey* (1847) de Anne Brontë, a protagonista é contratada por uma família como educadora dos seus filhos. Um deles, Tom, diverte-se não só a apanhar passarinhos como também a massacrá-los. Os pais aceitam este comportamento e até o justificam. Diz a mãe a Agnes, que tinha admoestado Tom: parece-me que se esqueceu de que as criaturas foram todas criadas para nossa utilidade. Agnes responde: se assim é não temos nenhum direito de as tratar mal por divertimento. E a mãe: creio que o divertimento de uma criança não pode ser posto na balança em igualdade com o bem-estar de um ser sem alma. Agnes: mas é precisamente para o bem-estar da criança que não se deveria encorajar este tipo de divertimento. Na base das afirmações da mãe há juízos que não só estabelecem uma hierarquia de valor entre homens e animais, como deduzem dela a consequência de que comportamentos cruéis para com os animais são lícitos. É uma postura que pode ser aplicada também às hierarquias de valor arbitrárias estabelecidas para os seres humanos, por exemplo, entre homens e mulheres, entre magros e gordos, ou belos e feios, ou fortes e fracos, entre pertencentes a um grupo ou a um país e os outros.

As consequências da aplicação implícita ou explícita deste raciocínio podem ser múltiplas e vão desde comportamentos abusivos verbais, informáticos ou físicos, até aos homicídios mais ferozes.

Suponhamos que um indivíduo vive numa ilha povoada unicamente por homens brancos e que nunca saiu dela. Pela observação repetida de que os homens com os quais se relaciona são brancos pode formular a afirmação de que todos os homens são brancos. Naturalmente, seria suficiente que um homem negro desembarcasse na ilha para pôr em crise esta afirmação. Talvez dissesse inicialmente que não era bem um homem, mas após observação mais atenta, se não se deixar vencer pelo preconceito (isto é, por uma opinião anterior, implícita ou explícita, que não põe nem pretende pôr em dúvida), deveria concluir que, à parte a cor, também este homem se apresenta com todas as características que os homens brancos apresentam. A afirmação «todos os homens são brancos» resultaria, assim, tão falsa como a afirmação «todos os homens são negros» ou a afirmação de que «nenhum homem é branco». Tudo isso pode conduzir a consequências graves para a vida em sociedade, por exemplo, se, partindo da constatação de que um negro de África cometeu um delito e que outro negro de África cometeu outro delito e outro ainda cometeu outro delito, se chega à conclusão de que todos os negros de África cometem delitos. A simples palavra «todos», inserida num raciocínio incorreto, pode conduzir a resultados deste género, que são negados pelo facto de existirem negros africanos imunes a delitos e capazes de gestos altruístas, tal como existem brancos autores de crimes atrozes.

No romance de Mark Twain *As Aventuras de Huckleberry Finn* (1884), ambientado no Sul esclavagista dos Estados Unidos do século XIX, o jovem protagonista partilha inicialmente a convicção dos seus concidadãos de que a escravatura dos negros é coisa óbvia, que não precisa de justificação. Libertado da tirania do pai, Huck finge que foi morto e, numa ilhota, conhece Jim, um escravo negro fugitivo com quem dá início a uma aventurosa navegação numa jangada pelo Mississipi. Primeiro fica estarrecido com a intenção de Jim de fugir, mas depois, vencido pela sua honestidade e bondade ao descobrir que «amava a sua família, quase como um branco a sua», aceita ajudá-lo na fuga. De seguida, espanta-se ainda mais com o facto de o seu amigo Tom Sawyer querer também ele ajudar na fuga:

> Isso era mesmo demasiado para mim. Eis um rapaz respeitável, bem-criado, com boa reputação para esbanjar e gente em casa com bom nome, e que era inteligente e nada parvo, que tinha estudado e não era ignorante, que não era mau, mas bom, pois bem, ei-lo, sem sombra de dignidade, sem consciência, pronto a fazer um trabalho que o cobria de vergonha e desonrava a sua família aos olhos do mundo inteiro. Não, tinha muito para refletir, não conseguia perceber nada.

Mas quando, por fim, vê que Jim renuncia à sua liberdade para ficar a dar assistência a Tom ferido, Huck conclui: «sempre soube que Jim era branco por dentro», e quando Jim é, por fim, capturado, Tom, ainda acamado por estar ferido, diz a Huck: «Não têm o direito de o manter acorrentado! Vamos, não hesitem e libertem-no imediatamente. Não é um escravo, é livre como qualquer criatura que caminha sobre esta terra!» Descreve-se, assim, neste romance um processo de libertação progressiva relativamente a um preconceito partilhado sobre a legitimidade da escravatura de todos os negros para se chegar ao reconhecimento de que nenhum homem é escravo, embora no romance não se perspetive explicitamente um projeto de abolição da escravatura.

Os filósofos também não são sempre imunes a raciocínios incorretos baseados no uso da palavra «todos», uma vez que é forte a tentação de dar às próprias afirmações um alcance universal. Todavia, não raramente, agem com cautela no seu uso. O facto é que na linguagem por vezes se insinuam armadilhas e raciocínios incorretos ou erróneos. Veja-se, por exemplo, o seguinte raciocínio: tu tens aquilo que não perdeste; mas tu não perdeste os cornos; portanto, tu és cornudo. O raciocínio, como se vê, é incorreto porque assume que alguém já teria cornos, por isso, se não os perdeu, ainda os tem; mas o que está em causa é precisamente que ele tivesse cornos. No romance *Amiamoci in fretta* (1933), Achille Campanile fala de um mordomo que diz ao rei que, se este lhe pedir para lhe desobedecer, ele assume o dever de lhe obedecer. Ao que o rei responde: «Mas desobedecendo-me, obedeces-me, e eu quero ser desobedecido; para me desobedeceres, tens de começar por me obedecer, mas obedecendo-me, não me desobedeces.» Como se vê, ordenar ser desobedecido é contraditório: uma ordem, por sua natureza, exige ser obedecida, não se pode ordenar não executar a ordem. No seu escrito *Der Witz und seine Beziehung zum Unbewußten* (1905), o pai da psicanálise, Sigmund Freud, conta a seguinte história: um fulano entre numa pastelaria e pede um pastel; logo de seguida, porém, restitui-o e pede em troca um cálice de licor. Bebe-o e volta-se para se ir embora sem pagar. O dono da pastelaria não o deixa sair. «O que quer de mim?» «Tem de pagar o licor.» «Mas eu dei-lhe o pastel em troca!» «Sim, mas você não pagou o pastel.» «Sim, mas eu não o comi, pois não?» Onde se esconde o erro neste tipo de raciocínio, quem lê pode tentar descobri-lo por conta própria.

Às vezes, porém, as dificuldades são mais sérias. Quantas pedrinhas são necessárias para podermos dizer que estamos na presença de um monte? Suponhamos que respondemos dez. Mas nesse caso, porque não nove? Se nove porque não oito? Onde colocamos a linha de fronteira entre um monte e um não monte? O mesmo se diga se perguntarmos: um homem com um único cabelo é careca? Sim. E com dois cabelos? Sim. Quantos cabelos são precisos, então, para dizermos que o homem não é careca? Suponhamos que cem. Mas nesse caso porque não noventa e nove? E por aí adiante. Estes raciocínios sublinham que existem termos como «monte» ou «careca» que são numericamente indetermináveis. Ainda mais conhecido é o chamado paradoxo do mentiroso: um habitante de Creta diz que todos os cretenses mentem. Este cretense diz uma verdade ou uma mentira? Se estiver a dizer uma verdade, então, também ele, enquanto cretense, está a mentir e, portanto, o que diz é mentira. Mas se estiver a dizer uma mentira, então, não mente e está a dizer uma verdade. Outro exemplo: um crocodilo raptou uma criança e promete ao pai que lha devolve se este adivinhar o que ele vai fazer, ou seja, se devolve ou não a criança. Se o pai responder que não lha devolve, o crocodilo encontra-se perante um dilema: se não a devolver torna verdadeira a resposta do pai e, portanto, é obrigado, com base na promessa que fez, a devolvê-la. Mas se a devolver, torna falsa a resposta do pai e, portanto, não terá de lhe devolver a criança, dada a promessa de que lha devolveria caso ele adivinhasse, mas o pai não adivinhou e, portanto, não deve devolvê-la. Ou seja, independentemente das duas coisas que o crocodilo escolha fazer, ver-se-á obrigado a fazer o contrário daquilo que decidiu: perante um dilema não há escapatória.

Eis como no *Dom Quixote* de Cervantes (1605-1615), Sancho Pança, eleito por brincadeira governador de uma aldeia, resolve um caso judicial que implica um paradoxo idêntico. Naquela aldeia vigora uma lei segundo a qual quem passa por determinada ponte tem de jurar aonde vai e o que vai lá fazer; se jurar verdade, passa; se mentir, é enforcado. Certa vez passa alguém que jura e diz: juro que passo por aqui para ir morrer naquela forca e por mais nenhuma outra razão. Isto levanta um problema aos juízes, que dizem: se o deixarmos passar, ele jurou falso e, portanto, segundo a lei, terá de morrer; mas se o enforcarmos, como ele jurou que passava para ir morrer na forca, então disse a verdade e, segundo a lei, terá de ser deixado seguir em liberdade. Como é que Sancho resolve o dilema? A sua opinião é a de que se deve deixar passar a parte daquele homem que disse a verdade, e que a parte que mentiu deve ser enforcada; deste modo, respeitam-se literalmente as condições impostas pela lei. A este ponto, porém, objeta-se: mas desse modo seria necessário dividir o homem em duas partes, a sincera e a mentirosa, e, assim, em todo o caso, morreria, e, portanto, não se obteria nada daquilo que a lei exige. Eis então a nova solução formulada por Sancho, que se recorda de um aviso de Dom Quixote, isto é, de agarrar-se à misericórdia, quando a justiça não é clara: se a verdade o salva, a mentira condena-o, e como, neste caso, os motivos de condenação e de absolvição se equilibram, deixem-no passar livremente, «pois é sempre melhor fazer o bem do que fazer o mal». Como se vê, trata-se de uma solução prática, não lógica, da dificuldade posta por um caso individual, enquanto os filósofos se esforçam por encontrar soluções que valham em geral também no plano lógico.

5. A perspetiva segundo a qual a única coisa importante são respostas gerais não necessariamente aplicáveis no plano individual encontra-se bem ilustrada por Bazarov no romance do russo Ivan Turguéniev, *Pais e Filhos* (1862). Nos antípodas do Funes de Borges, Bazarov defende que

> não vale a pena estudar os indivíduos individualmente. Todos os homens se assemelham no corpo e no espírito. Todos nós temos o cérebro,

o baço, o coração, os pulmões feitos da mesma maneira, e também as chamadas qualidades morais são as mesmas em todos: pequenas variações que não merecem atenção. Basta um único exemplar de homem para avaliar os outros. Os homens são como as árvores no bosque; nenhum botânico jamais pensaria em ocupar-se de uma bétula apenas.

É verdade que existe diferença entre um homem estúpido e um homem inteligente, entre um homem bom e um homem mau, mas é como entre um homem saudável e um homem doente:

> Nós sabemos mais ou menos de onde vêm as doenças do corpo; e as doenças do espírito vêm da má-educação, de todas as tolices de que se enchem as cabeças dos homens desde a mais tenra idade, numa palavra, do estado monstruoso da sociedade. Curai a sociedade e as doenças desaparecerão.

Só é pena que Bazarov tenha acabado por reconhecer a força das «pequenas variações», isto é, das diferenças individuais, quando se apaixonou por uma mulher que não estava apaixonada por ele.

As respostas dos filósofos, apoiadas por raciocínios gerais, têm indubitavelmente um carácter geral, mas isso não significa que não se possam traduzir em respostas também no plano individual, ainda que nem sempre se percecione esta possível ligação. Foi dito que as formas de raciocínio são como partituras musicais ou guiões de teatro, que são executados de «modo pessoal». Um exemplo dramático é dado por Tolstói no já citado conto sobre a morte de Ivan Iliitch. Este, gravemente doente, sente a aproximação da morte e, nos pensamentos que o perturbam, emerge também a recordação do silogismo que aprendeu num livro da escola: Caio é um homem, os homens são mortais, portanto, Caio é mortal.

> Durante toda a vida, este raciocínio parecera-lhe justo somente quando aplicado a Caio, mas totalmente insensato no que dizia respeito a ele. Tratando-se de Caio ou do homem em geral, era justíssimo, mas ele não era Caio nem o homem em geral, era um ser à parte, diferente dos outros: era ele, Vânia, com mãe e pai, com os seus brinquedos, com

o cocheiro, a governanta, com todas as alegrias, todas as dores, todos os entusiasmos da infância, da adolescência, da juventude [...]. Caio é mortal, certo, e é justo que morra, mas eu, Vânia, com todos os meus sentimentos, os meus pensamentos... sou diferente. E não pode ser que tenha de morrer. Seria demasiado atroz, se tivesse de morrer como Caio, sabê-lo-ia; uma voz interior ter-mo-ia dito, mas eu e todos os meus amigos sempre tivemos a sensação de que a coisa não dizia respeito a nós, mas a Caio. E agora, veja-se o que me acontece! Não, não pode ser, mas acontece. Como, como compreender semelhante coisa?

Certo dia quis mandar descansar o criado, que lhe segura os pés sobre os seus ombros para lhe aliviar as dores, mas este responde-lhe: todos nós morreremos. Porque não deveria esforçar-me por si? «Com isso pretendia dizer – comenta Tolstói – que o seu esforço não lhe pesava, pois era em benefício de um moribundo, e esperava que um dia alguém fizesse o mesmo por ele.» A compreensão implícita do significado presente naquele silogismo gerava no criado um sentido e uma esperança de solidariedade humana. Assim, o universal entrecruzava-se com o individual.

Virginia Woolf descreveu de maneira exemplar – em referência aos primeiros escritos filosóficos que nos chegaram da Grécia Antiga, os diálogos de Platão, que têm Sócrates como principal interlocutor – os efeitos que as argumentações filosóficas podem exercer sobre a vida de cada um de nós:

> Quando um belo rapaz arriscava uma pergunta ou citava uma opinião, Sócrates pegava nela, revirava-a, observava-se de um lado e do outro, rapidamente a despia de toda a incoerência e falsidade e, gradualmente, conduzia todos, com ele, à contemplação da verdade. É um processo exigente; concentrar-se laboriosamente sobre o exato significado das palavras, avaliar o que implica toda e qualquer admissão; seguir com atenção, uma atenção crítica, a opinião que esvazia e transforma, enquanto se reforça e intensifica a verdade. O prazer e o bem são a mesma coisa? A virtude pode ser ensinada? O conhecimento é virtude? A mente debilitada, cansada, pode facilmente perder-se, enquanto a inquirição impiedosa segue em frente; mas ninguém, por mais débil que seja, mesmo que só

aprenda Platão, ninguém no fim de contas deixará de amar o conhecimento. Porque enquanto a argumentação avançar, passo a passo, [...], aquilo que interessa não é tanto o fim que se alcança, mas o modo de o alcançar. A todos é possível experimentá-lo – a indómita honestidade, a coragem, o amor da verdade que impelem Sócrates, e nós na sua esteira, pela colina acima, onde, se lá chegarmos também nós por um único instante, gozaremos da maior felicidade que se pode experimentar.

Perante esta celebração dos efeitos benéficos das argumentações filosóficas, podemos perguntar-nos se hoje ainda existe não apenas o gosto, mas pelo menos a prática de formular raciocínios. Não é certamente contestável a utilidade do computador para todos nós, para comunicar, memorizar, ter à disposição depósitos enormes de informações, corrigir os próprios escritos, etc. Mas tal como com todos os instrumentos, também o computador pode ser usado para o bem ou para o mal: uma faca pode servir para cortar o pão, mas também para degolar alguém. Ainda se usam na Internet pequenas palavras como «se», «então», ou ainda nos interrogamos sobre se o que encontramos escrito no ecrã encontra justificação, se se baseia em factos não inventados e em bons motivos? A escrita constituída pela simples sucessão de frases não permite ver as relações que podem existir entre as coisas ditas. O uso da Internet é certamente útil nas escolas, mas é preciso esclarecer os seus objetivos. Por causa da Internet deverá a escola renunciar a transmitir e a favorecer a capacidade de argumentar? Desprovidos desta capacidade, poderão os alunos vir a ser cidadãos conscientes das suas escolhas? O sociólogo Pierre Bourdieu sublinhou que o tempo da argumentação e o da comunicação televisiva são incompatíveis. De resto, é suficiente assistir aos chamados debates televisivos, sobretudo aos debates políticos, para perceber isso mesmo. Do mesmo modo, os testes de resposta múltipla marcam o abandono da argumentação em favor do «conhecimento de noções», mas a coisa é curiosa, porque depois entra-se em polémica contra esse conhecimento por se achar que destrói a escola. O destino da filosofia está indubitavelmente ligado à escola, ao espaço que ela ainda terá nela, mas talvez também o destino da escola esteja, em parte, ligado ao destino da filosofia e, certamente, não só.

O historiador de economia Carlo M. Cipolla escreveu há anos um ensaio intitulado *As Leis Fundamentais da Estupidez Humana* (1988). Ele defende que, a partir da ação ou não-ação, cada um de nós tem um ganho ou uma perda e, ao mesmo tempo, determina um ganho ou uma perda para o outro. Distingue, então, quatro categorias fundamentais de pessoas: os desprovidos, que causam prejuízo a si próprios, mas trazem benefício aos outros; os inteligentes, que obtêm vantagem para si próprios e para os outros; os bandidos, que procuram obter vantagens para si próprios e prejuízo para os outros; e os estúpidos, que não só dão prejuízo aos outros como também não obtêm qualquer benefício para si próprios, ou obtém, até, prejuízo. A tese de Cipolla é a de que existe um grupo não organizado, sem chefe, mas poderosíssimo, de estúpidos, um grupo muito perigoso, mais ainda do que o dos bandidos. Como é óbvio, quanto mais elevada for a posição social ocupada pelo estúpido, mais o seu poder e a sua autoridade provocam danos. Até as eleições políticas oferecem aos estúpidos «uma magnífica ocasião para prejudicar todos os outros, sem obter qualquer vantagem». Este objetivo é concretizado, contribuindo para manter altamente provável a permanência de estúpidos no poder. O problema é que o estúpido é imprevisível, e não nos conseguimos defender dele. Como dizia o poeta Schiller: «Contra a estupidez, os próprios Deuses lutam em vão.» O estúpido tende a furtar-se a qualquer forma de raciocínio. Não existe garantia de que saber muitas coisas torna os homens imunes à estupidez que paira sobre todos e a todos pode afligir. Como diz uma personagem de Molière: «Um estúpido douto é mais estúpido do que um estúpido ignorante.» É verdade que a filosofia por si só não preserva da estupidez. Mas convidando a construir e a avaliar raciocínios, pode-se contribuir para reduzir as áreas de estupidez de cada um de nós e dos outros. «Não é a lógica – dizia Oscar Wilde – que torna os homens razoáveis, nem a ciência da ética a torná-los bons, mas é sempre útil analisar, formular e investigar.» Não por acaso, ao ditador do romance de García Márquez parecia prejudicial que os cidadãos tivessem tempo livre para pensar.

Capítulo 4

APRECIAR A DISCORDÂNCIA

1. Na vida de todos os dias, tanto são frequentes as convergências como as divergências de opinião sobre questões gerais. Um exemplo dos preconceitos e das banalidades que amiúde as caracterizam pode encontrar-se na discussão sobre mulheres ocorrida na estalagem *O Pavão*, exposta por Dickens em *Os Cadernos Póstumos do Clube Pickwick*.

> – Estranhas criaturas, as mulheres – disse o homem da cara suja, após um breve silêncio.
>
> – Ah, sobre isso não há dúvidas – disse um homem com as faces muito rosadas, atrás do seu charuto. A este grão de filosofia seguiu-se nova pausa.
>
> – Bom, neste mundo há coisas mais estranhas do que as mulheres, garanto-lhe – disse o homem de olho negro, carregando lentamente um cachimbo holandês com um enorme fornilho.
>
> – Sois casado? – perguntou o homem da cara suja.
>
> – Admito que não.
>
> – Foi o que eu pensei.
>
> E o homem da cara suja foi acometido por um ataque de hilaridade por causa desta sua piada, a que se uniu um homem de voz branda e rosto plácido, que se obrigava a estar sempre de acordo com todos.

– No fim de contas – disse o entusiástico Mr. Snodgrass –, as mulheres são o grande apoio e conforto da nossa existência.

– Exatamente isso – disse o senhor plácido.

– Quando estão de bom humor – retorquiu o homem da cara suja.

– Exatamente isso – disse o plácido.

– Eu rejeito esta restrição! – disse Mr. Snodgrass, cujo pensamento correu rapidamente para Emily Wardle (a sua pretendida). – Rejeito-a com desdém... com desprezo. Mostrai-me o homem que fala mal das mulheres como tais e dir-lhe-ei francamente que não é um homem.

E Mr. Snodgrass tirou o charuto da boca e deu um grande murro na mesa.

– O raciocínio está correto – disse o homem plácido.

– Mas contém uma afirmação que eu contesto – interrompeu o homem da cara suja.

– E indubitavelmente há muito de verdadeiro na vossa observação – disse o senhor plácido.

– À vossa saúde, senhor – disse o caixeiro-viajante com um olho só, anuindo a Mr. Snodgrass em sinal de aprovação. Mr. Snodgrass agradeceu.

– Aprecio sempre escutar uma bela discussão – prosseguiu o caixeiro--viajante –, uma discussão cheia de acúmen, como esta; aprende-se muitas coisas.

É óbvio que com discussões como esta se aprende bem pouco, a não ser preconceitos difusos e a incapacidade de apresentar argumentos articulados em favor das próprias opiniões ou contra as opiniões dos outros. Ao ler textos de filósofos é fácil constatar que eles defendem frequentemente teses não apenas diferentes, mas também contrárias às dos outros. Certa vez, Cícero disse que não há coisa absurda que não tenha já sido dita por um filósofo. E este é, porventura, o melhor elogio que alguma vez se fez à filosofia. Os filósofos não só não recuam perante as doutrinas de outros filósofos como também não recuam perante os modos comuns de pensar. O termo latino *absurdus* tem matriz musical, indica aquilo que está fora de tom, desafinado. O seu equivalente no grego antigo é *atopos*, que indica aquilo que não tem lugar. O absurdo de que fala Cícero é aquilo que não encontra colocação nos modos comuns de falar e de pensar. Este aspeto é expresso também por outro termo, «paradoxal», que também tem origem no grego antigo, no qual indica aquilo que vai contra as opiniões (*dòxai*) correntes de todos ou da maior parte. Isso não significa que sempre e sobre todos os temas os filósofos se oponham àquilo que se designa de senso comum, mas quando o aceitam procuram sobretudo justificar porque o aceitam. E fazem-no ainda mais quanto têm de justificar asserções próprias que podem, precisamente, parecer absurdas. Naturalmente, cada um de nós pode continuar a resistir a estas teses, a rejeitá-las, decretando-as absurdas e, portanto, inaceitáveis. Mas para o fazer com bons motivos, e não apenas por defesa obstinada daquilo que se acolheu como se fosse óbvio e a que nos afeiçoámos, é preciso encontrar outras argumentações capazes de se oporem a elas. Trata-se, então, de identificar nelas pontos fracos ou pontos de partida já não compartilháveis, por exemplo, à luz de novos conhecimentos científicos ou perante a afirmação de novos valores, considerados já não compatíveis com aqueles pressupostos em tais premissas. Trata-se, portanto, de aprender a refutá-las antes de as rejeitar, e também neste aspeto o trabalho dos filósofos pode ser um ponto de referência útil.

A história da filosofia está pejada de divergências, isto é, de respostas diferentes formuladas para responder a uma mesma pergunta ou a perguntas análogas. Desde o início, quando ainda não existia distinção clara entre filosofia e ciência, a constatação do movimento regular dos corpos celestes, do nascer e do pôr diário do sol, da sequência das estações do ano ou da geração dos seres vivos a partir de outros da mesma espécie induziu a que se buscasse aquilo que permanece constante no mundo, além das inúmeras mudanças e transformações que o mundo apresenta incessantemente. Esse «algo que permanece» designou-se *princípio*, partindo do pressuposto de que todas as coisas têm origem ou dependem de algo primário. Havia um pressuposto comum, ou seja, de que o mundo não é um agrupamento caótico ou casual de coisas e acontecimentos, mas um conjunto ordenado caracterizado por relações regulares e constantes, isto é, um *cosmos*, palavra que contém também uma ideia de beleza, como vemos ainda hoje na palavra «cosmética». Mas as respostas à pergunta sobre qual seja o princípio constitutivo do cosmos foram desde logo muito diferentes e opostas. Entretanto, para alguns, tal princípio devia ser procurado em algo de visível, por exemplo, num ou mais daqueles que foram chamados «elementos» (água, fogo, ar, terra). Para outros, ao invés, devia ser procurado em algo invisível, por exemplo, em partículas divisíveis em partes cada vez mais pequenas, ou então nos chamados átomos – termo também de origem grega, que significa partículas indivisíveis –, ou então, ainda, nos números e nas relações numéricas. Levantou-se, igualmente, a questão de saber se o mundo era um só ou se existem inúmeros ou infinitos mundos, iguais ou diferentes do nosso. Mas também surgiu a questão de saber se o mundo é eterno ou resulta de uma qualquer fabricação, ou mesmo criação, a partir do nada, causada por um agente divino inteligente e providente, que cuida do mundo e, em particular, do homem. Também nestes casos as respostas foram divergentes, embora fossem todas acompanhadas por argumentos que as sustentassem. A própria noção de divindade, de resto, pode ter um carácter problemático: existe realmente Deus e como se pode demonstrar que existe? Ou os deuses são invenções e construções humanas, eventualmente por parte de indivíduos astutos que se serviram deles para dominarem sobre os homens e impedi-los de cometerem injustiças, agitando a ameaça de um castigo por parte de uma divindade omnipotente? E quais são as características da divindade? São semelhantes às do homem e, portanto, por exemplo, será ela dotada também de pensamento ou de vontade? Ou será necessário evitar qualquer conceção antropomórfica, isto é, atribuir à divindade qualidades humanas, sempre inferiores e imperfeitas, limitando-se a descrever aquilo que a divindade não é, construindo assim uma teologia negativa? Em todos estes casos, pode-se facilmente constatar que os filósofos deram respostas muito diferentes, utilizando ou excogitando uma quantidade de argumentações diferentes para as sustentarem.

Pressuposto comum a estas indagações é o de que o intelecto ou a razão humana são capazes de encontrar a pedra angular que explica o universo e que, portanto, pode explicar o porquê daquilo que é ou acontece, por outras palavras, de encontrar a causa ou causas gerais das coisas. Na base destas explicações estão observações daquilo que acontece e se apresenta aos sentidos, mas também construções teóricas a partir delas, apoiadas em razões a favor e por críticas dirigidas aos defensores de teorias alternativas. Mas também sobre a noção de causa se podem encontrar discordâncias. Por vezes, pode indicar-se na matéria de que são compostas as coisas a causa que as faz serem aquilo que são, ou então num princípio organizador que confere às várias coisas a sua forma ou estrutura, ou, ainda, na finalidade ou função que cada coisa desempenha e que explica porque essa coisa é feita de determinado modo. Pode-se, por exemplo, defender que um ser animado possui certos órgãos de sentido para poder desempenhar determinadas funções, por exemplo, ver, ouvir, etc. Alguns, porém, preferiram restringir a noção de causa, reservando-a para significar aquilo que produz um efeito e para afirmar que perante causas semelhantes se seguem efeitos semelhantes. Levanta-se, então, o problema ulterior de saber se é possível subir dos efeitos até às suas causas ou se é preciso descer das causas até aos efeitos que elas produzem. Mas no primeiro caso, é difícil e complicado identificar a causa justa, a causa fundamental, dado que ela não está contida no efeito, mas é distinta dele. Outros, depois, excluíram que a partir da causa se possa deduzir o efeito, porque só estabelecemos uma ligação entre causa e efeito devido ao hábito de vermos que a determinado acontecimento se segue habitualmente outro acontecimento, mas isso não garante que assim aconteça sempre. Delineiam-se, assim, alternativas, objeto de discussão entre os filósofos que, de vez em vez, abraçam, com base em determinadas razões que eles propõem, ora uma teoria ora outra.

Situação análoga pode-se encontrar a propósito do tema da relação entre a alma (como se dizia antigamente) ou a mente (como se prefere dizer hoje), à qual pertence a função de pensar e de experienciar emoções, e o corpo. Para alguns, a alma e o corpo são entidades distintas, pelo que nasce, então, o problema de saber como comunicam entre si: por exemplo, se eu pensar que quero levantar o braço e mentalmente decidir levantá-lo, de que depende o facto de o braço se levantar? Em determinadas perspetivas, a alma é concebida como entidade autónoma que se soma ao corpo, mas é distinta e separável dele, sendo assim possível defender que a alma sobrevive à morte do corpo. Trata-se da conceção da imortalidade da alma proposta também em contextos de natureza religiosa. Mas a alma pertence só ao homem ou também as plantas e os animais possuem funções psíquicas, como as relacionadas com a alimentação, com o crescimento ou com as sensações? Para outros, ao invés, o exercício das funções psíquicas, em particular o exercício do pensamento, depende da interação entre a alma e o corpo, motivo pelo qual à série de acontecimentos mentais corresponderia uma série de acontecimentos corporais. Para outros ainda dependeria, ao invés, integralmente da estrutura do corpo, dos mecanismos neurofisiológicos e, em particular, do cérebro, de modo que não existe uma entidade distinta do corpo, chamada alma ou mente.

Também no que respeita aos objetos do conhecimento, os filósofos assumiram posições contrastantes. Como já se viu, o conhecimento em sentido forte diz respeito não tanto aos objetos individuais, mas mais a noções gerais, chamadas *universais*, por exemplo, não diz tanto respeito ao João ou ao Tiago, mas ao homem, não ao ato individual de justiça ou de injustiça cometidos por fulano ou beltrano, mas à justiça ou à injustiça em geral. É claro que são termos que se podem aplicar a muitos indivíduos, por exemplo, dizendo que o João e o Tiago são homens, etc. Mas então estes universais são também entidades distintas, que existem autonomamente em relação ao João, ao Tiago, etc., tanto que se pode continuar a atribuir esta qualificação de «homem» a inúmeros outros indivíduos, mesmo após a morte do João e do Tiago? Alguns, aliás, defenderam que os universais existem com maior razão do que as coisas individuais e que são, inclusivamente, os seus modelos: por exemplo, a beleza tem um grau de perfeição tal que nenhuma coisa qualificada como «bela» a consegue igualar plenamente. Outros filósofos, porém, rejeitam esta tese e defendem que os universais são apenas noções existentes na mente ou até meros sinais, nomes ou sons, de que nos servimos para indicar propriedades que muitos indivíduos têm em comum, por exemplo, propriedades que os caracterizam a todos como homens. Mas como se adquire conhecimento destes universais? Alguns defensores da sua existência autónoma chegaram ao ponto de afirmar que são inatos, ou seja, que o homem os conhece desde o nascimento e que a razão humana os encontra em si própria. Para outros, ao invés, os universais resultam da experiência, isto é, passando pela sensação de coisas ou acontecimentos individuais para a construção de tais noções universais, exemplificadas por estas coisas ou acontecimentos individuais. Ou seja, tratar-se-ia de um processo de generalização ou, para usar um termo técnico introduzido pelos filósofos, de indução, isto é, da passagem do singular para o universal. Outros ainda defenderam que a experiência sensível fornece aos homens unicamente os materiais do conhecimento, enquanto seria o intelecto, dotado de certas formas não derivadas da experiência sensível, a unificar e a organizar os materiais e os dados provenientes das sensações, conferindo-lhes uma dimensão de universalidade.

2. Também sobre problemas mais imediatamente ligados à escolha do modo de vida e à conduta moral se pode constatar a existência de divergências radicais. Por vezes, os filósofos identificam na felicidade o objetivo que cada homem pretende alcançar. Mas o problema é o de quais são os caminhos para a alcançar, quais os conteúdos e os modos de vida em que se pode concretizar a felicidade. Neste sentido, uma questão é a de saber que lugar atribuir aos prazeres e aos sofrimentos, à razão e às paixões na vida humana. Para alguns filósofos, o prazer e o sofrimento são critérios que guiam o comportamento, pois assinalam o que é preciso procurar e o que se deve evitar. Para outros, no entanto, este critério consiste no prazer do momento, e, para outros ainda, é necessário ter em conta também as consequências que os prazeres podem acarretar, sendo por isso de evitar os prazeres que conduzem a um sofrimento maior. Trata-se, então, de almejar uma vida em que o sofrimento, quer físico quer mental, esteja o mais possível ausente. Outros ainda sublinharam que qualquer atividade humana é acompanhada de um prazer que aperfeiçoa a própria atividade. Assim, se Mick Jagger tem prazer em tocar guitarra elétrica, tenderá a tocar cada vez melhor e a preferir essa atividade em detrimento de outras atividades que lhe dão menos prazer. No livro *La chiave a stella* (1978) de Primo Levi, o técnico Tino Faussone, que dá a volta ao mundo a montar gruas, pontes, estruturas metálicas, plataformas petrolíferas, tem o culto do trabalho bem feito. Levi sabe que muitos trabalhadores não são amáveis e que se deve lutar para que o trabalho não seja um peso, mas especifica:

> Se excluirmos os instantes prodigiosos e únicos que o destino nos pode dar, amar o próprio trabalho (que infelizmente é privilégio de poucos) constitui a melhor aproximação concreta à felicidade sobre a terra:

mas esta é uma verdade que poucos conhecem [...]. Para exaltar o trabalho, nas cerimónias oficiais mobiliza-se uma retórica insidiosa, cinicamente baseada sobre a consideração de que um elogio ou uma medalha custam muito menos do que um aumento de salário e rendem muito mais; existe, porém, também uma retórica de sinal oposto, não cínica, mas profundamente estúpida, que tende a denegri-lo, a pintá-lo como vil, como se pudéssemos prescindir do nossos trabalho ou do trabalho dos outros... Como se quem sabe trabalhar fosse por definição um criado e como se, ao invés, quem não sabe trabalhar, ou sabe mal, ou não quer, fosse por isso mesmo um homem livre.

Para alguns filósofos, a felicidade consiste na atividade melhor que o homem pode desenvolver, em primeiro lugar, na atividade do pensamento, acompanhada pelo máximo prazer. Há, porém, outros filósofos que tendem a reduzir, quando não mesmo a excluir, o lugar a atribuir aos prazeres na conduta humana. Pode-se, por exemplo, tentar mostrar que o prazer não coincide com o bem, nem o sofrimento com o mal. Bem e mal, argumenta-se, estão entre si numa relação análoga à que intercorre entre saúde e doença, no sentido que, quando há saúde, não existe doença, e, assim, se houver o bem não existe o mal. Ao invés, prazer e sofrimento podem coexistir em simultâneo, por exemplo, quando se tem sede – isto é, quando se sente uma falta e, portanto, um sofrimento – bebe-se água e, portanto, experimenta-se prazer. Por outro lado, ao deixar de beber, cessam no mesmo instante o prazer e o sofrimento; já quando cessa o bem, então passa a haver o mal e vice-versa. Pode-se então chegar a defender que o bem consiste não em seguir os prazeres nem as paixões, que têm a sua raiz sobretudo no corpo e induzem a erros e produzem perturbação, mas a razão, aquilo que ela manda e diz para fazer. Se, por exemplo, se conhecem as causas reais do comportamento, o homem escolhe as ações que conduzem a uma utilidade efetiva. Por exemplo, quando se conhecem as causas da ira, motivada ou imotivada, esta dissolve-se por si, isto é, a paixão da ira será controlada pela razão, que leva ao conhecimento das causas que a produzem. Ou então pode-se defender que é a razão a determinar de maneira universal, que vale para todos os homens, o critério a seguir nas próprias ações. Isso deve, portanto, ser buscado não nas motivações puramente individuais, e, portanto, ligadas à sensibilidade e às inclinações subjetivas, mas numa lei universal que não dita conteúdos específicos a alcançar através das próprias ações, mas se compendia num imperativo geral sobre como devem ser concretizadas as ações morais. Por exemplo, o imperativo manda que todos os homens sejam considerados e tratados sempre como fins e nunca como meios para os próprios objetivos. Trata-se, então, de cumprir o dever pelo dever, independentemente das eventuais consequências que o próprio agir pode ter, dado que tais consequências não têm relevância moral. Assim, por exemplo, não se deve nunca mentir, ainda que daí possam resultar consequências negativas. Enquanto nestas perspetivas o fator relevante reside na intenção, independentemente das ações resultantes, para outros, uma ação pode ser considerada moralmente boa só quando também se têm em conta as consequências que pode produzir, não só para cada indivíduo, mas também para a sociedade. O fim moral das ações humanas consistirá, portanto, na persecução da máxima felicidade possível para o maior número possível de pessoas. Mas a felicidade consiste nos prazeres, por isso, tal fim pode ser alcançado através de um cálculo racional dos prazeres, numa base quantitativa e também qualitativa, almejando maximizar os prazeres e minimizar o sofrimento para o maior número possível de pessoas. Nesta perspetiva pode então ser lícito mentir, se isso se traduzir numa utilidade maior. Para outros filósofos, ao invés, os homens possuem um sentido moral que os faz percecionar imediatamente a diferença entre o bem e o mal, porque revela a beleza intrínseca das ações boas e a fealdade das ações más. Este sentido moral induz os homens a aprovar sobretudo as ações que almejam a maior felicidade para o maior número de pessoas. A única função da razão seria, portanto, a tarefa de identificar as condições e os meios para concretizar ações morais.

O problema dos critérios a seguir para tornar os comportamentos bons ou funcionais à felicidade, própria e dos outros, está, porém, ligado a outros problemas, em particular aos problemas do mal e da liberdade. A presença do mal no mundo parece provada pelo facto de se verificarem catástrofes naturais, doenças e por aí adiante. Alguns quiseram explicar este facto defendendo a existência de dois princípios que regem o mundo, um princípio do bem e um princípio do mal. A isso outros opõem a tese de que o mal propriamente não existe, porque o mundo é fruto da ação racional divina, que é boa enquanto tal, por isso o que surge como mal, quando inserido no contexto geral é, na realidade, também um bem. No que respeita ao homem, pode considerar-se que nele existem traços agressivos e ferinos, que podem inclusivamente levá-lo a ações nocivas para os outros, para assegurar vantagens para si de variada natureza, materiais ou só morais, exibindo a própria superioridade física com atos de violência gratuita ou submetendo os outros à sua vontade. As leis seriam, então, instituídas com a finalidade de eliminar completamente ou, pelo menos, de reprimir e reduzir o mais possível os efeitos destes traços agressivos, radicados no egoísmo dos indivíduos. Para outros filósofos, os homens seriam caracterizados por uma tendência natural para a sociabilidade, da qual brotaria um sentido de benevolência e solidariedade universal para com os outros. Aliás, chegou-se mesmo a defender, por vezes, que o homem nasce naturalmente bom e que é a sociedade que o corrompe mediante formas erróneas de educação e mecanismos que produzem desigualdades. Daqui nascem perspetivas radicalmente opostas, pessimistas e otimistas, sobre a natureza humana.

Os filósofos também se interrogaram sobre a questão de saber se as ações humanas são de facto livres ou se o são só aparentemente, porque na realidade os homens seriam levados a agir necessariamente de determinadas maneiras por causas independentes deles. O famoso astrofísico Stephen Hawking referiu, porém, ter notado que «até pessoas convencidas de que tudo está predestinado e que nós não podemos fazer nada para mudar o destino tendem a olhar bem para um lado e para o outro antes de atravessarem a rua. Talvez seja porque aqueles que não olham não sobrevivem e, por isso, não estão aqui a falar connosco.» O problema é de importância decisiva, porque está ligado à questão de saber se os homens são ou não responsáveis pelas suas ações e, portanto, se podem ser legitimamente punidos quando cometem ações criminosas. Cada ação é determinada por motivos que a induzem, e esses motivos inserem-se, por sua vez, numa série de causas ligadas entre si que conduzem a essa ação. Mas essas causas só devem ser encontradas em cada indivíduo ou também se devem buscar na sua constituição natural e no carácter que cada um foi formando sob a influência da família, dos amigos e da sociedade? E estas circunstâncias externas são independentes dele e pode dizer-se, então, que o seu comportamento é determinado exclusivamente por causas que não dependem dele? É um raciocínio amiúde utilizado quando se pretende justificar o comportamento criminoso de alguém, atribuindo a sua causa às más condições sociais em que se encontrou a viver. Neste sentido, alguns filósofos defenderam que é uma ilusão considerar-se livre e que, na realidade, estamos sujeitos a um domínio impessoal da sociedade, que induz ao consumo ilimitado e a uma cultura de massa que tende a uniformizar os indivíduos. Certamente, cada um pode questionar-se: teria podido agir de maneira diferente? E pode responder que teria sido possível, sim, se tivesse feito uma escolha diferente. Mas essa escolha não poderia, por sua vez, ser determinada por algo independente de nós? Não basta certamente a consciência de sermos livres ou o sentimento do nosso poder agir para assegurarmos que somos livres de facto. Alguns filósofos pretendem, porém, salvaguardar a liberdade do indivíduo no seu agir, defendendo que enquanto a necessidade domina no âmbito da natureza, cada indivíduo com a sua ação dá início a uma série nova de factos, por isso, cada qual é um agente moral autónomo. Outros filósofos, por fim, reconheceram que não existe uma liberdade absoluta para nenhum ser humano e que cada qual, nas suas escolhas, está sujeito a condicionamentos económicos e sociais, e também a fatores inconscientes. Tais condicionamentos, porém, deixam aberta uma certa gama, mais ou menos ampla, de possibilidades alternativas, no contexto das quais se pode escolher; aliás, elas permitem orientar e formular melhor e de maneira mais eficaz os próprios projetos de vida.

3. Expus de maneira muito sumária apenas algumas das muitas discordâncias que caracterizam as investigações filosóficas. Sobretudo, não expus articuladamente as razões que cada um aduz em defesa das próprias teses. Os filósofos, mas não só, empenham-se amiúde em criticar as teses de outros filósofos de que eles não partilham. Estas críticas podem consistir em identificar eventuais erros dos adversários por apresentarem, por exemplo, afirmações contrárias aos dados de facto, ou então mostrando os pontos fracos ou até mesmo verdadeiras contradições nos seus raciocínios. Nestes casos, fala-se de confutação.

Isso pode ocorrer oralmente, mediante perguntas aos interlocutores, de maneira a fazer emergir nas suas respostas teses que se contradigam, como acontece quando se diz que chove e não chove em simultâneo. Ou, então, imaginemos que alguém diz que um quadrado é redondo. Esta afirmação é contraditória, uma vez que uma coisa ou é quadrada ou é redonda – ou não é uma coisa nem a outra, como quando, por exemplo, é triangular –, mas não pode ser as duas ao mesmo tempo. Só que a confutação pode acontecer também através de uma análise dos escritos de outros filósofos. A presença simultânea de teses contraditórias mostra que o discurso de quem as formula não é coerente e que, portanto, as suas teses também não o são. E, no entanto, é na base dessas crenças que ele constrói também o seu modo de viver, eventualmente sem se dar conta. Se quiser sair desta situação, quem é confutado tem de abandonar as teses que defendeu, todas ou pelo menos uma. Dificilmente pode caracterizar-se como feliz uma vida sem qualquer coerência entre as próprias crenças. Não se pode desvalorizar a importância da confutação: esta liberta da presunção de saber, enquanto na realidade não se sabe ou ainda não se sabe, e impele, portanto, a buscar ulteriores soluções mais adequadas aos problemas. A pior forma de ignorância é, precisamente, a de quem acha que sabe não sabendo e, portanto, assume um tom arrogante ou dogmático.

Por vezes, a discordância entre os filósofos é utilizada para defender que, assim sendo, a filosofia não pode alcançar qualquer verdade ou certeza. Tal acontece, sobretudo, com aqueles que consideram que conseguem aceder à verdade graças à revelação da divindade, contida num livro sagrado que cita a palavra dela e contém tudo o que é decisivo para a salvação dos fiéis. Mas também se pode pensar que o lugar em que Deus fala é a interioridade de cada um, sobretudo quando se acolhe do texto sagrado que o homem é criado por Deus à sua imagem e semelhança. Nestes contextos, a verdade é concebida como uma luz proveniente de Deus. O pressuposto, típico sobretudo das religiões monoteístas, é que havendo uma só divindade, será necessariamente única e total também a verdade que dela provém. Por consequência, a multiplicidade das teses filosóficas em oposição umas às outras torna-se sinal do seu distanciamento relativamente à verdade. No máximo poderá dizer-se que algumas delas apresentam vestígios de verdade, mas só quando esta concorda com a verdade revelada e pode, portanto, ser incluída no seu tecido em detrimento de outras teses filosóficas. Contudo, também fora dos contextos religiosos se pode assistir a uma condenação das divergências entre os filósofos. É a posição cética, que por vezes chega a afirmar que o conhecimento é inalcançável, mas ao dizer isto entra em contradição porque, de facto, reconhece como verdadeira a tese de que não se pode chegar a nenhum conhecimento. Mais subtil é a forma de ceticismo que almeja mostrar que em favor de qualquer suposta solução de um problema filosófico se podem avançar argumentos igualmente fortes quer a favor quer contra eles. Mas se eles são fortes por igual é impossível decidir qual deles é verdadeiro e qual deles é falso, e, assim, o melhor é abster-nos de aderir a um deles e continuar a investigar sobre estes problemas. A própria conduta de vida será, então, confiada a quanto aparece aos nossos sentidos e aos hábitos difundidos na sociedade em que se vive. Trata-se de um ceticismo com resultado conformista. Mas permanece em aberto a questão de saber se os argumentos a favor ou contra determinada tese são, de facto, igualmente fortes.

Independentemente dos casos de mentira intencional, a comunicação é a manifestação a outros da própria atitude para com alguma coisa: cada um de nós, quando afirma ou nega alguma coisa, na verdade, exprime a sua convicção de que as coisas são como está a dizer e, portanto, que quanto se disse é verdadeiro. Mais, com a sua afirmação – quanto mais não seja implicitamente – pretende que o conteúdo dela seja partilhado também por aqueles com quem comunica. Cada um de nós afeiçoa-se às próprias opiniões, por vezes obstinadamente. O pai de Tristram Shandy, no já citado romance de Sterne, «apropriava-se de uma opinião como um homem no estado natural se apropria de uma maçã: esta torna-se sua, e o homem, se tem coragem, pode perder a vida, mas não renunciará à maçã». E Sterne comenta, amargamente:

> É um dom singular do céu que a natureza tenha infundido no espírito do homem aquela mesma feliz tumultuosa resistência à persuasão que se observa nos cães velhos: a de «não aprender truques novos». Até o maior dos filósofos, se mudasse de partido a cada livro que lê, a cada

observação, a cada nova reflexão, faria a figura de um volante batido para cá e para lá por raquetes.

O pai de Tristram estava convencido de que era preferível ter narizes grandes a tê-los pequenos e reunia a este propósito opiniões de todos os lados, fazia-as próprias, sobretudo se eram «distantes da opinião comum», e defendia-as «com unhas e dentes». E, também aqui, Sterne comenta: «Havia um maldito obstáculo nisto: a escassez de material adequado para preparar uma defesa capaz de resistir a um ataque duro, uma vez que poucos homens de grande engenho aplicaram o seu génio a escrever livros sobre o tema dos narizes grandes.» A obstinação nas próprias opiniões, não baseada em argumentos sólidos, tem dificuldades em resistir às objeções, mas habitualmente não as tem em conta. O que produz esta obstinação são sobretudo as paixões. Dom Quixote encontra um grupo de mercadores a cavalo e confunde-os com cavaleiros andantes. Põe-se no meio da estrada e grita: alto lá a todos, se todos não reconhecerem que não existe no mundo donzela mais bela que Dulcineia de Toboso. Os mercadores percebem logo que é um louco, mas um diz: não conhecemos a senhora, mostra-nos ao menos um retrato dela e teremos a felicidade de reconhecer a verdade. Dom Quixote acha esta resposta não apenas presunçosa como também contranatura: devem reconhecer a verdade da sua asserção sem precisarem de provas e demonstrações. A devoção amorosa de Dom Quixote por uma mulher imaginária traduz-se numa pretensão de verdade que requer adesão sem condições. A coisa não tem graves consequências no romance, mas exemplifica atitudes que se podem traduzir em vicissitudes trágicas não infrequentes: a Emanuela quer deixar-me – diz o Gennaro –, mas sendo eu homem ela não pode não me amar, e, se não me ama, não merece viver, não há motivos válidos para o contrário, é uma coisa incondicionalmente verdadeira. Quem adere a uma tese contestada, de que não se consegue apresentar uma prova, e, todavia, rejeita submetê-la a uma discussão livre, é um fanático. O fanático precisa de segurança, receia a mudança e, portanto, não sente necessidade de justificar as suas crenças, mantém-nas inalteradas, custe o que custar. Por vezes, chega ao ponto de crer que o mundo é governado por uma conspiração que tende a esconder de propósito a verdade em que ele crê. Por isso, considera que aqueles que não partilham as suas crenças não só estão errados como também são malvados e, assim, merecem ser odiados e anulados. Porventura, não chegar a reconhecer a possibilidade de o próprio modo de pensar não ser o único, nem o único sempre infalivelmente certo, pode contribuir para a preservação destes resultados trágicos, e a filosofia pode ser uma via de fuga.

O mundo dos filósofos é um mundo de competições. Por vezes, a competição revela-se estéril. Duas personagens do romance *A Montanha Mágica* (1942) de Thomas Mann, defensoras de conceções radicalmente antitéticas da vida, envolvem-se em contínuas discussões entre si: de um lado, o italiano Luigi Settembrini, laico, mação e democrata, convencido da bondade da natureza humana, do progresso e da força da razão e da ciência; do outro lado, o hebreu Leo Naphta, jesuíta, hostil a todos os aspetos do mundo moderno, admirador da Igreja Católica, impulsionador de formas de misticismo e ascetismo monástico, para quem o que conta é a salvação do homem e o que é útil é a essa finalidade, não a verdade enquanto tal. E, portanto, chega a justificar também os castigos corporais e a oportunidade de manter a pobreza e a doença, já que a natureza humana é essencialmente doente. Settembrini aprecia a possibilidade

> de cruzar a espada das ideias com um adversário de minha igualha... discutimos. Aliás, polemizamos até ao sangue quase todos os dias, mas confesso que o contraste entre os nossos pensamentos me atrai ainda mais para me encontrar com ele. Preciso deste incentivo, é para mim como uma massagem. As ideias, as convicções não vivem se não têm oportunidade de combate e... e eu confirmo precisamente as minhas.

Mas o jovem Hans Castorp, ao assistir às suas discussões, pressente a certa altura a esterilidade das mesmas, são confusas, desordenadas e obscuras: «os dois adversários levavam tudo ao extremo – coisa necessária quando se quer polemizar –, abriam, azedos, um abismo entre as duas convicções opostas». Mas a ele parecia-lhe que a determinado ponto qualquer uma das suas teses inconciliáveis «deveria encontrar-se naquilo que conciliantemente se poderia chamar humano». Não por acaso, porém, os dois contendentes chegam ao ponto de se desafiarem para duelo, Settembrini dispara por cima, e Naphta, chamando-o velhaco, acerta-lhe na cabeça.

Contudo, nem todas as competições e disputas são, necessariamente, negativas. Como dizia Mark Twain, «não seria coisa boa se todos pensássemos da mesma maneira; é a divergência de opiniões que torna possíveis as corridas de cavalos». De facto, a competição filosófica produz também uma cooperação que vai além das intenções individuais. Com efeito, ela pode curar as crenças falsas, contribui para uma melhor precisão no sentido das palavras e dos problemas, para uma melhor formulação dos raciocínios, de maneira a evitar percursos erróneos. Sobretudo, mostra que sobre as várias questões existem possíveis soluções alternativas, ou seja, mostra que é possível pensar de maneira diferente, mas o mais importante é que se tente justificar porque se pensa de maneira diferente. Por vezes, são os próprios filósofos, nos seus escritos, a imaginar que alguém move objeções às suas teses, antecipando, assim, possíveis objeções de outros e tentando dar respostas satisfatórias a tais objeções. E com alguma frequência, os filósofos chegam ao ponto de contradizerem teses suas anteriormente defendidas graças ao confronto com o raciocínio de outros filósofos, percorrendo, assim, novos caminhos. Oscar Wilde dizia que «as pessoas bem-educadas contradizem os outros. Os sábios contradizem-se a si próprios.» Mas por vezes a competição impele também a identificar uma linguagem comum com outros filósofos, quanto mais não seja para se poder entrar em polémica. Neste sentido, também se pode afirmar que o mundo dos filósofos é, em geral, um mundo caracterizado pelo diálogo. Mas a palavra «diálogo» não deve ser entendida no sentido banal e distorcido em que é usada habitualmente. O diálogo filosófico não consiste no provérbio «cada cabeça sua sentença» nem na busca de um compromisso, de uma via mediana entre opiniões divergentes. O diálogo é, ao invés, um percurso coletivo para indagar e, se possível, chegar à verdade, mas também de disponibilidade para abandonar crenças injustificadas. O diálogo autêntico contribui para uma obra de purificação de pressupostos, opiniões e raciocínios; caso contrário, é apenas conversa fiada ou um instrumento cuja única finalidade é a de ganhar ao adversário, sem olhar a meios e apoiando-se em solicitações de ordem emocional, mais do que em argumentações, ou construindo preconceitos no interlocutor. A vida pública, infelizmente, está cheia de situações do género. Mas também sobre a figura do filósofo paira sempre a possibilidade da sua contrafação, a figura que, na tradição, assumiu o nome, com valor negativo, de sofista.

Mas se todos os filósofos avançam a pretensão de que as suas teses sejam verdadeiras e, em simultâneo, discordam entre si, onde está, então, a verdade? Por vezes, de facto, a questão da escolha entre teses divergentes foi rejeitada, defendendo-se, por exemplo, que para cada pessoa as suas próprias crenças são verdadeiras, as quais, portanto, seriam puramente relativas. Tratando-se de teses equivalentes, de facto, cada qual acolhe aquela que lhe parece verdadeira e não se coloca nenhum problema de escolha. Mas se assim fosse, equivaleria a dizer, como recordava o antropólogo Clifford Geertz, que, uma vez que não existe um ambiente perfeitamente assético, ia dar ao mesmo realizar operações cirúrgicas numa fossa. Por outro lado, esta posição, excluindo a possibilidade de confrontar uma crença com as dos outros, fecha cada qual num mundo privado totalmente inultrapassável. Mas o trabalho dos filósofos insere-se numa dimensão pública, não se encerra numa esfera privada exclusiva. Uma investigação puramente individual é ilusória, aos ombros e em redor de cada filósofo há sempre as experiências, as conversas, as leituras que o metem em relação com outros. Ninguém pode furtar-se ao aviso final de Quelo, o messias televisivo inventado por Corrado Guzzanti, que anuncia:

> quero dizer ao mundo e a todos os amigos que nos escutam que nestas «tramáticas» horas há uma grande «grise», muito egoísmo, aqui já não sabemos «gomo» estão as coisas nesta «tera»... Perguntas-te sobre os «porquês» e os «como onde» no mundo... Onde quem? Porquê quando? Perguntas-te sobre os «quase, quase» e tateias na escuridão... mas a resposta não a deves procurar fora de ti, a resposta está dentro de ti, porém, é errada.

Não se deve excluir, porém, que sobre alguns problemas filosóficos se alcançaram respostas comummente partilhadas. Onde tal não aconteceu levanta-se a questão da escolha por parte de quem lê os escritos dos filósofos. Trata-se de avaliar as teses enquanto tais, mas também os percursos seguidos pelos vários filósofos para chegarem a elas, quais as premissas a partir das quais desenrolam os raciocínios, para verem se são inconsistentes ou frágeis e se os raciocínios são débeis ou até infundados. É este o desafio que os livros dos filósofos lançam aos seus leitores. Não se trata de acolher passivamente quanto eles dizem, como se fossem dotados de uma autoridade incontestável e, portanto, de limitar-nos a dizer sim ou não a cada uma das teses filosóficas, mas de procurar compreender e raciocinar sobre elas.

4. A discordância entre filósofos foi-se libertando progressivamente da auréola negativa que por vezes a envolveu, atribuindo-lhe, ao invés, uma função libertadora de todas as formas de dogmatismo e sectarismo, de vínculos à autoridade ou a dogmas de escola ou de pertença. A discordância, com efeito, deixa a cada um a liberdade de provar ou eventualmente escolher dentre as várias doutrinas filosóficas, ou então de encontrar, em cada uma delas, aspetos ausentes noutras, não necessariamente incompatíveis. Ao longo do tempo, também a filosofia não ficou imune a perseguições: a liberdade de filosofar e, portanto, a liberdade de não concordar é característica de uma sociedade livre. Podemos perguntar-nos se a atualidade da filosofia não depende precisamente do facto de as filosofias serem muitas, por vezes assaz diferentes umas das outras, compondo um território sulcado de alternativas e dissonâncias, algumas até radicais. Estas, com efeito, convidam a considerar e a procurar avaliar as argumentações adotadas em seu apoio. Trata-se, pois, de um convite a raciocinar com a própria cabeça, a aceitar ser provocado por teses que parecem muito distantes das próprias crenças, sem se deixar encerrar na prisão do pensamento único ou no pensamento da moda, por vezes alimentadas pelos órgãos de comunicação social, modas que depois desaparecem tão rapidamente como apareceram. É um horizonte distante da receção passiva das mensagens da Internet, incapazes de qualquer tipo de destrinça entre elas. Trata-se, ao invés, de buscar critérios para não ficarmos passivos perante tais mensagens, para as selecionar e interagir positivamente com elas. Caso contrário não escapamos àquilo que Montale, em *Quaderno di quattro anni* (1977) – com expressão eficaz, ainda que

aparentemente contraditória – chamou «solidão de grupo». Já Leopardi, em *Dialogo della moda e della morte*, afirmara que a moda é irmã da morte, ambas nascem da caducidade das coisas e ambas almejam «desfazer e alterar continuamente as coisas de cá de baixo», embora sigam caminhos diferentes: a morte, atirando-se às pessoas, e a moda, contentando-se «sobretudo com barbas, cabelos, roupa, móveis, prédios e coisas que tais». Esta, porém, faz jogos comparáveis aos da morte, «esburaca ora as orelhas ora os lábios e os narizes» e também tosta as carnes dos homens para lhes dar beleza, enfaixa as cabeças, aperta os corpos em espartilhos. Aliás – diz a moda –, «geralmente falando, eu persuado e obrigo todos os homens gentis a suportarem todos os dias mil e um trabalhos e mil e uma dificuldades e, amiúde, dores e tormentos, e alguém morre gloriosamente pelo amor que me tem», eventualmente atirando-se de uma varanda, convencendo-se de que será imortalizado no YouTube ou no Twitter.

É verdade que sobretudo os jovens, como diz uma personagem do romance *Rudin* de Ivan Turguéniev,

> precisam de deduções, de certezas, mesmo que não sejam verdadeiras, mas de certezas. Um homem honesto não se deixa levar por semelhante ficção. Procurai explicar aos jovens que não podeis dar-lhes uma verdade completa porque nem vós a possuís e eles nunca mais vos darão ouvidos. Mas apesar disso, não podeis enganá-los. É preciso que vós próprios acrediteis que possuís pelo menos cinquenta por cento dessa verdade.

As discordâncias entre filósofos podem porventura imunizar da ilusão de que é possível encontrar uma resposta definitiva e total a todas as questões. São célebres os versos de Eugenio Montale em *Ossi di seppia*: «Não nos peças a fórmula que possa abrir-te mundos, / mas sim alguma sílaba torta e seca como um ramo.» Em relação a isso é talvez possível tecer algumas considerações sobre a noção de verdade, que é também uma noção crucial amplamente debatida pelos filósofos e sobre a qual não é certamente possível debruçarmo-nos aqui com profundidade. Se ligarmos a filosofia à pretensão de ficarmos na posse de uma verdade total e absoluta, chegamos à condenação irrevogável de todas as filosofias que não se adeque a ela. É a pretensão de que os filósofos nem sempre se conseguem afastar quando emitem veredictos negativos e de condenação de épocas humanas e filosóficas inteiras para exaltar as suas posições. À volta do filósofo, por vezes, paira também outra contrafação, a do profeta: o leitor de livros filosóficos poderá também treinar-se a encontrar nas palavras deles tais contrafações. Um bom antídoto para semelhantes delírios de grandeza podem ser as palavras que o físico alemão Lichtenberg disse a propósito da célebre afirmação no *Hamlet* de Shakespeare de que existem mais coisas no céu e na terra do que na tua filosofia. Lichtenberg acrescentava de maneira irreverente: «Mas também existem muitas coisas na tua filosofia que não estão nem no céu nem na terra.» O importante é perceber porquê!

A noção de Verdade com maiúscula, no sentido de verdade total, parece ser a preferida de todo o tipo de seitas e, portanto, é justo desconfiar dela. Mas se assumirmos uma conceção menos rígida de verdade, afirmando que uma tese é verdadeira até prova em contrário, ou que é provável ou altamente provável comparativamente a outras, abre-se um espaço para continuar a raciocinar sobre tais teses, e não se exclui que em determinados pontos tenha sido possível alcançar a verdade. Não se pode confundir estas posições com as negações da possibilidade de erro: os erros podem ser reconhecidos mesmo que não se esteja – ou ainda não se esteja – na posse da solução verdadeira. É suficiente ver o que acontece quando se tenta resolver palavras cruzadas. Mas é precisamente à negação da possibilidade de errar que chegam aqueles filósofos que afirmam a impossibilidade de se alcançarem conhecimentos verdadeiros, pondo, por exemplo, a utilidade no lugar da verdade que certas teses apresentam. Na realidade, como se diz, o simples facto de emitirem esta afirmação implica que já estão a avançar com a pretensão de que pelo menos essa sua afirmação é verdadeira. Também eles, com efeito, não conseguem furtar-se aos horizontes de verdade no contexto dos quais se move o trabalho filosófico: a verdade funciona sempre como norma ou regra diretiva e finalidade de qualquer busca autêntica, inclusivamente filosófica. Por outro lado, também se pode objetar, dizendo que aquilo que é útil pode ser falso e que aquilo que é falso pode ser útil. E como reconhecer que uma coisa é útil? É uma simplificação dizer que é tarefa da sociedade definir aquilo que é útil, porque a sociedade – nas democracias, pelo menos – não é um conjunto homogéneo, mas é caracterizada pela dissensão. Que seja, então, importante deixar aberta a possibilidade de sublinhar os erros, as falsidades e os enganos, podemos constatá-lo na vida quotidiana, sobretudo na esfera pública e política, impregnada de contínuas invenções de falsidade.

Uma tese ou doutrina filosófica é geralmente o resultado de um raciocínio que parte de premissas. Uma pretensão de verdade, no momento em que é posta por escrito, é, ao mesmo tempo, um pedido de partilha por parte dos eventuais leitores. Estes, porém, podem simplesmente aceitar ou rejeitar a tese ou doutrina sem a examinarem, ou então acolhendo o desafio de examinarem se o raciocínio feito funciona e, sobretudo, se as premissas de onde partem são ou não aceitáveis. A renúncia ou a recusa em examinar e eventualmente confutar as afirmações que se ouvem abre caminho a outros meios de persuasão, sub-reptícios e, por vezes, até violentos. O uso da argumentação situa-se nos antípodas de toda a forma de propaganda e de violência, que almejam reforçar crenças já difusas ou inculcar outras nos seus destinatários. A única força sobre a qual se alavanca a argumentação é, ao invés, a capacidade de apresentar os motivos das próprias afirmações, concebendo-se, então, os destinatários não como sujeitos passivos que devem ser manipulados, mas como sujeitos livres e capazes de avaliarem a consistência lógica, a força e a persuasão de tais argumentações. É verosímil que uma pessoa, criança ou adulta, prefira que não lhe sejam dadas ordens, mas que se raciocine com ela, pondo-a ao mesmo nível de quem lhe apresenta o seu raciocínio. Para esta finalidade pode ser de fundamental importância precisamente o confronto entre teses ou doutrinas e outras teses alternativas: assim pode-se mostrar a eficácia e produtividade da discordância entre os filósofos.

Capítulo 5

ABRIR OS HORIZONTES

1. A filosofia não tem o monopólio das perguntas e muito menos o das respostas, como mostra sobretudo o caso das ciências. A medicina, também devido à sua dimensão terapêutica, sempre foi um âmbito de saber em grande parte autónomo, já a filosofia englobou aspetos e temas que depois viriam a tornar-se objeto de ciências distintas dela. Com o passar do tempo, de facto, começaram a separar-se da filosofia múltiplas ciências, cada qual com o seu âmbito específico de saber, ainda que alguns filósofos tenham sido, em simultâneo, notáveis matemáticos, físicos, psicólogos ou sociólogos. Cada ciência, de seguida, foi em busca de respostas adequadas a determinados problemas, mediante o uso de métodos apropriados, como a introdução de novas técnicas matemáticas, a invenção de novos instrumentos ou o recurso às experiências. Estas experiências consistem em predispor condições artificiais, como se faz atualmente nos laboratórios, para produzir determinados fenómenos, de maneira a poder observá-los, e têm a característica importante de outros investigadores também poderem realizá-las e, portanto, verificar se as hipóteses avançadas são atendíveis. O romance *Vinte Mil Léguas Submarinas* (1869) de Júlio Verne preconizava a construção de um submergível movido a eletricidade; graças a ele, os náufragos do *Nautilus* e o seu capitão

Nemo podiam observar a fauna e a flora das máximas profundidades marinhas. A astronomia e a cosmologia, como estudo do Universo na sua escala maior, receberam forte impulso com a invenção do telescópio de Galileu e, atualmente, com a do telescópio espacial Hubble, o qual, aumentando as dimensões aparentes, permitiu observar miríades de corpos celestes inobserváveis a olho nu. Depois, a descoberta de instrumentos de medição mais exatos, juntamente com as sondas espaciais e os radiotelescópios capazes de captar radiações – isto é, emissões de energia de variado género, luminosa, térmica, sonora, eletromagnética e por aí adiante, as quais se propagam pelo espaço sob a forma de ondas ou de corpúsculos – permitiu conhecer as regiões mais distantes do universo e também objetos que estão além da nossa galáxia, como os chamados *quasar*. Se antes tínhamos uma imagem do universo substancialmente estática, estes novos dados levaram à formulação do tema da evolução do universo. Verificou-se, assim, a separação entre a cosmologia e a astronomia como campos autónomos em relação à filosofia.

De igual modo, o uso do microscópio conduziu a resultados análogos: ao aumentar as imagens, permite aceder a pequenas entidades inobserváveis a olho nu. Foi possível, assim, analisar a composição química das substâncias e proceder ao estudo do universo na sua escala mais pequena, isto é, a escala das partículas elementares constitutivas da matéria, desde o eletrão, descoberto em 1897, até aos mesões, que têm uma duração de vida de cerca de um milionésimo de segundo. Isto torna problemático o uso da palavra «partícula», que nós tendemos a associar à ideia de uma coisa relativamente estável. A descoberta de que estas partículas, embatendo entre si, podem transformar-se uma na outra, libertando energia, deu origem à invenção dos reatores nucleares, aparelhos capazes de produzir energia através do bombardeamento do núcleo atómico do urânio, dando lugar à sua cisão. Estas operações possibilitam experiências que permitem a descoberta de mais partículas, como, por exemplo, o bosão de Higgs.

Obtiveram-se resultados análogos também no âmbito do estudo dos organismos vivos. Graças às descobertas alcançadas através da observação ao microscópio, constituíram-se ciências como a microbiologia (ou seja, o estudo de microrganismos como bactérias, fungos, vírus, etc.), a histologia (que estuda os tecidos dos organismos vivos) e a bioquímica (que estuda os compostos químicos de tais organismos, em específico os compostos do carbono e os processos químicos que estão na base do fenómeno da vida). Foi, assim, possível reconhecer que todos os seres vivos são constituídos por uma pequeníssima entidade de base, a célula. Estruturas celulares são os cromossomas, nos quais se organiza o material genético: a célula do homem tem 46 cromossomas. A molécula responsável pela transmissão dos genes, isto é, do património genético típico dos indivíduos, espécies e populações, é o chamado ADN. É formado por duas correntes ou filamentos de dupla hélice e contém a informação genética. A genética é, precisamente, o ramo da biologia que estuda o património genético dos organismos vivos, relevante também para o estudo das doenças genéticas, que se transmitem por via hereditária.

O acesso a entidades nunca antes observadas e ao seu comportamento, tanto em direção ao cada vez maior como em direção ao cada vez mais pequeno, significou uma ampliação das experiências humanas e da própria noção de natureza. Por um lado, as ciências adquirem a competência sua, subtraindo-a à filosofia, mas, por outro, a filosofia, se quiser continuar a refletir, por exemplo, sobre os problemas da vida, não pode deixar de ter em conta os desenvolvimentos destas ciências. A filosofia não é uma ilha fechada, mas um território sulcado de caminhos abertos ao mundo e ao que está fora dela. Sempre se nutriu também do que está para lá dela, tanto do positivo como do negativo, quanto mais não fosse para o combater ou criticar, ou para reivindicar uma hegemonia sobre outros ramos do saber. Alguns filósofos vinculam estreitamente ciência e filosofia como aspetos de um mesmo empreendimento, por exemplo, confiando à filosofia a tarefa de dar conta dos resultados das ciências, com a finalidade de efetuar uma síntese geral dos seus resultados, dado que cada uma delas permanece fechada no seu âmbito de competência. Ou então considera-se que a filosofia tem a função de levar a cabo uma análise precisa – sobremaneira descurada pelos próprios cientistas quando empenhados nas suas investigações específicas – dos métodos utilizados nas várias ciências e das teorias por eles construídas. Houve vezes, porém, em que a filosofia avançou com pretensões demasiado ambiciosas, apresentando-se como a única capaz de lidar com problemas aos quais as várias ciências não seriam capazes de aceder, tentando mostrar que existem formas de pensamento ou de conhecimento superiores à própria ciência. Por exemplo, a intuição ou conhecimento imediato de determinadas verdades, que teriam a sua sede privilegiada na interioridade da consciência e às quais a ciência não seria capaz de aceder, ou então, formas de experiência mística e irracional. Nesta perspetiva, a arte, a religião ou a própria filosofia foram apresentadas como superiores às ciências e mais relevantes para a vida dos homens. Às vezes, por fim, a ciência, devido aos seus resultados no campo tecnológico, é condenada por ser um saber utilitário, instrumental, ao qual se contrapõe uma forma de conhecimento capaz de captar o real no seu dinamismo e nas suas contradições, como emergem nas sociedades e na história. Mesmo nestas posições extremas, todavia, a filosofia não pode deixar de se nutrir, ainda que de modo negativo, das ciências, nem sempre, porém, mostrando-se capaz de penetrar seriamente nas peculiaridades de cada uma.

2. Um exemplo do modo como as descobertas científicas podem ter impacto também na filosofia é dado pela questão já mencionada da identidade pessoal. Independentemente da consciência que cada um pode ter de si próprio como algo que permanece substancialmente idêntico ao longo do tempo, como podem os outros certificar-se desta identidade? Nas nossas sociedades, a identidade pessoal é habitualmente verificada mediante instrumentos impessoais, tais como documentos emitidos pelas autoridades competentes e conservados nos arquivos oficiais, e agora também a *password* pessoal usada no correio eletrónico. Mas estes documentos podem ser falsificados. Em 1894, Mark Twain publicou uma espécie de romance policial intitulado *Pudd'nhead Wilson*. Wilson é advogado, mas os seus concidadãos consideram-no um pouco estúpido e, por isso, puseram-lhe a alcunha de «cabeça de abóbora». Esta opinião, contudo, muda radicalmente, quando, num processo, ele consegue a absolvição dos seus clientes e identifica o verdadeiro culpado do crime, que julgava ter destruído todas as provas da sua culpabilidade. Wilson alcança este resultado graças à comparação entre as impressões digitais presentes no punhal ensanguentado com que tinha sido cometido o crime e as dos seus

concidadãos, que ao longo dos anos ele tinha recolhido e arquivado. Fazia-os premir sobre lâminas de vidro as pontas dos seus dedos besuntados com a gordura natural dos seus cabelos, indicando os respetivos nomes e a data da recolha. No processo, para justificar a utilização do método, usou as seguintes palavras:

> Cada ser humano traz consigo desde o berço até à sepultura certas características somáticas que nunca mudam e com base nas quais pode ser sempre identificado. É um facto que não admite dúvidas nem discussões. Tais características são como a sua assinatura, o seu autógrafo fisiológico, por assim dizer, e é um autógrafo que não pode ser contrafeito nem camuflado, nem escondido, que não pode tornar-se ilegível por desgaste ou pelas mudanças ao longo do tempo. Aquela assinatura não é o seu rosto (a idade pode mudá-lo ao ponto de o tornar irreconhecível), não é a sua cabeleira (que pode mudar de cor ou cair), não é a sua estatura (porque muitos seres humanos têm igual estatura) e não é o seu semblante em geral (pois existem os sósias). *Esta assinatura*, ao invés, é absolutamente individual: não há duas idênticas na numerosíssima população do globo.

Tal assinatura

> consiste nas delicadas linhas ou sulcos com que a natureza marca as palmas das mãos e as plantas dos pés. Se olharem para as pontas dos dedos, vós que tendes boa visão, observareis as subtilíssimas linhas curvas que correm umas ao lado das outras [...], formam vários desenhos bem definidos, como arcos, círculos, ovais, volutas e por aí adiante, e que os desenhos diferem uns dos outros nos vários dedos,

até os dos gémeos. Atualmente, o ADN presente nas células permite identificar com elevadíssima probabilidade a identidade de quem deixou vestígios em objetos e pessoas. As diferenças dependem da ordem em que as componentes do ADN estão ligadas entre si: motivo pelo qual a sequência das unidades de um homem é diferente não só da sequência das de um caracol, mas também das de qualquer outro homem, ainda que em menor medida e com a exceção dos gémeos idênticos. Cada célula do corpo humano – trata-se de milhares de milhões – contém uma cópia completa do ADN e, por isso, é possível identificar a que indivíduo pertence determinado vestígio, facto relevante para as investigações policiais.

Mas também do ponto de vista da perceção que cada qual tem de si próprio, a noção de identidade conheceu mudanças. Entretanto, a emergência do facto de a vida psíquica de cada um ser caracterizada pela presença não apenas de um nível consciente, mas também de um nível inconsciente, como sublinhou sobretudo a psicanálise, mas não só. Daqui resulta que os comportamentos humanos, não apenas os comportamentos patológicos, têm uma raiz que vai além da transparência de pensamentos e de motivações conscientes e atua também sobre estas, sem que se tenha imediata consciência. Para Freud, o sonho era uma expressão típica desta dimensão inconsciente, ou seja, desejos inconscientes condensados e formulados nas imagens oníricas. Além disso, os estudos psicológicos mostraram que os indivíduos, por vezes, como membros de uma família e de grupos de variado tipo – os bandos de jovens, os grupos de delinquentes, os cidadãos de uma nação – tendem a identificar-se com o pai ou com o chefe, a quem se reconhece o estatuto de modelo. E por vezes isso pode levar ao desaparecimento, ainda que passageiro, das características individuais próprias, isto é, à renúncia a um ideal pessoal de personalidade autónoma por um ideal coletivo personificado num chefe.

A identidade de cada indivíduo também é ameaçada de outro ponto de vista. Se a vida consistisse apenas numa sucessão de sensações ou pensamentos desligados entre si, a identidade não existiria, ou melhor, resolvia-se apenas numa série de pontos independentes um do outro, faltaria um centro, um «eu», que os unificasse. Os filósofos também identificaram frequentemente a memória – que cada um tem das pessoas ou dos acontecimentos mais importantes da sua vida – como a realidade que assegura a permanência da identidade ao longo da mudança no tempo. Cada um de nós é capaz de contar a sua história pessoal, e esta história pessoal é a sua identidade. Parece que o realizador Luis Buñuel dizia que «temos de começar a perder a memória, mesmo que sejam só farrapos de recordações, para compreender que é nela que consiste a nossa vida. Sem memória, a vida não é vida», e a morte não é mais que uma amnésia final, que apaga uma vida inteira.

Nota-se aqui a dramaticidade da doença de Alzheimer, que tem entre as suas manifestações a perda progressiva de memória, além da perda das capacidades verbais e motoras. Na aldeia imaginária de Macondo do romance de García Márquez *Cem anos de solidão* (1967), difunde-se a doença da insónia, cujo aspeto mais temível não era

> a impossibilidade de dormir, uma vez que o corpo não sentia nenhum cansaço, mas a sua inexorável evolução para uma manifestação mais crítica: a perda da memória. Significava que quando o doente se habituava ao seu estado de vigília, começava, a apagar-se da sua memória as recordações da infância, depois o nome e a noção das coisas e, por fim, a identidade das pessoas e até a consciência do seu ser, até mergulharem numa espécie de idiotice sem passado.

Então, José Arcadio Buendía, chefe da família cuja história se narra, decidiu construir a máquina da memória, que

> se baseava na possibilidade de rever todas as manhãs, e do início ao fim, a totalidade das noções adquiridas ao longo da vida. Imaginava-se como um dicionário giratório que um indivíduo situado no centro poderia manobrar através de uma manivela, de maneira que em poucas horas passassem pelos seus olhos as noções mais necessárias para viver.

Os estudos neurofisiológicos mostraram que a perda de memória depende de um lento declínio das funções cerebrais. A questão da identidade pessoal deve, portanto, ser tida em conta nos estudos sobre as funções exercidas pelo cérebro. O cérebro é constituído por inúmeras células nervosas ou neurónios, capazes de percecionarem aquilo que se passa no mundo externo e de responder a tais excitações. Estas são, em simultâneo, sinais e informações, que são transmitidas a outras células que comunicam entre si por forma a formarem uma rede. O nosso tecido nervoso também pode ser observado ao microscópio, ótico ou eletrónico, tendo-se identificado procedimentos para colorar cada célula nervosa ou grupos de células, de maneira a conseguir-se estudar a sua morfologia e observar-se o funcionamento das várias regiões do córtex cerebral através da TAC. Para estes conhecimentos contribuiu também o estudo de pacientes com lesões em várias partes do cérebro. Constatou-se que o cérebro é constituído por duas áreas ou hemisférios: o hemisfério esquerdo, mais complexo e especializado, e o hemisfério direito, responsável pela função crucial do reconhecimento da realidade. O córtex cerebral está, assim, dividido em áreas especializadas na perceção visual, no uso da linguagem, na aprendizagem, nas emoções. Uma área específica, chamada hipocampo, desempenha uma função essencial para a formação da memória, isto é, para o registo, conservação e reevocação, involuntária ou voluntária – que os filósofos designaram de *reminiscência*, isto é, chamar à memória –, das informações e das emoções recebidas através dos órgãos dos sentidos ou da elaboração de pensamentos. Graças a ela é também possível projetar ações futuras, por exemplo, responder não só a perguntas como «onde estacionei o carro?», mas também «que trajeto tenho de fazer para regressar a casa?». É esta a área do cérebro atacada por uma certa proteína, substância orgânica azotada que causa a doença de Alzheimer, que implica a perda progressiva de memória.

Emerge de novo o problema, tradicionalmente filosófico, da identidade pessoal. O cérebro de cada indivíduo, constituído por um número enorme de sinapses, isto é, de conexões e comunicações entre células, difere do cérebro dos outros indivíduos. O cérebro é caracterizado por uma plasticidade que lhe permite continuar a armazenar e organizar informações inclusivamente na velhice. Como afirmou o geneticista Edoardo Boncinelli, «a combinação entre a diversidade genética, a diversidade de experiências de vida e uma não indiferente componente casual faz do cérebro de cada um de nós uma realidade irrepetível. O neurologista Oliver Sacks afirmou que «o estudo da doença não pode ser separado do estudo da identidade», já que a doença nunca é só uma perda ou um excesso, mas implica sempre uma reação do organismo ou do indivíduo, «para restabelecer, substituir, compensar e conservar a própria identidade». E descreveu brilhantemente este ponto através da apresentação de vários casos clínicos por ele tratados no livro *O Homem que Confundiu a Mulher com um Chapéu* (1985).

Tudo isto dá uma nova perspetiva à questão mais geral em que desde sempre se envolveram os filósofos sobre a relação entre a mente ou funções mentais, ou, como se dizia antigamente, a alma, e o corpo.

E sobre isso, como se disse, os desacordos são incessantes. Quando afirmo que sou um sujeito pensante, uma mente ou uma alma, que tem um corpo, atribuo prioridade à atividade do pensamento, em relação à qual o corpo seria apenas um instrumento. Mas se afirmar que sou um corpo material que pensa, então, a identidade pessoal é garantia da identidade corporal. Coloca-se, assim, a questão do transplante de órgãos e da chamada clonagem. O grego Plutarco conta que em Atenas tinha sido construído, em memória de um antigo acontecimento, um barco chamado o barco de Teseu, que todos os anos era reparado, substituindo-se-lhe as partes de madeira que se iam deteriorando, soldando as novas ao resto, de modo que já se tinha chegado a trocar todas as partes, mas de maneira a conservar intacta a estrutura original. Este facto colocava aos filósofos, segundo Plutarco, a questão de saber se ainda se tratava do mesmo barco, uma vez que conservava as mesmas funções do barco originário, ou se, ao invés, era um barco diferente, dado que tinha mudado totalmente o material de que tinha sido originalmente construído. Esta pergunta liga-se à questão do significado da noção de «todo»: um todo é a soma das suas partes, e, assim, substituindo algumas partes por outras, o todo deixa de ser o mesmo, ou será o todo dado pelo modo como se organizam e ligam as partes e, por isso, se o modo se mantém, o todo continua a ser o mesmo, mesmo que as partes tenham mudado?

Este problema antigo volta a colocar-se dramaticamente no caso de novas técnicas cirúrgicas, como a dos transplantes de tecidos e órgãos, isto é, da inserção e/ou substituição de órgãos deteriorados e doentes pelos correspondentes órgãos sãos de outros indivíduos (por vezes também de animais), a começar pelo primeiro transplante de coração realizado por Christian Barnard, em 1967. Até que ponto um indivíduo que recebeu um transplante é o mesmo de antes? Por vezes, esse indivíduo denota algum problema psicológico, mas enquanto tiver o cérebro a funcionar, ele pode conservar a memória de si próprio e da própria vida. Se, porém, a morte cerebral assinala de maneira certa o fim inevitável da vida, então, o cérebro de um indivíduo morto, ao contrário do seu coração, não poderá ser transplantado para outro indivíduo, transmitindo-lhe o conjunto de recordações e a história peculiar do dono desse cérebro. Permanecem, contudo, em aberto perguntas que também a filosofia se pode pôr, mas que só os estudos biológicos conseguirão orientar para respostas possíveis. E a questão coloca-se também em relação à chamada clonagem, ou seja, à produção artificial de um clone, isto é, de um grupo de células ou de organismos geneticamente homogéneos. Ela é útil para produzir tecidos e, portanto, para curar deformações, doenças ou lesões, mas pode conduzir também à reprodução de indivíduos sem a intervenção da reprodução sexual, como se eles fossem cópias, tal como aconteceu em 1997 com a famosa ovelha *Dolly*. É certo que a clonagem apenas diz respeito ao material corpóreo, no qual se insere, depois, uma componente psicológica e cultural que se vai formando também através da educação, motivo pelo qual não se pode falar da criação de indivíduos exatamente idênticos. Não é, todavia, ainda claro se tais diferenças serão relevantes e, por isso, está ainda em aberto a questão de ordem moral – e, portanto, de ordem filosófica – da legitimidade da clonagem, no caso de se pretender programar e reproduzir indivíduos pelo menos até certa medida idênticos.

Este caso insere-se no âmbito da disciplina filosófica chamada, atualmente, bioética, que procura encontrar resposta para a questão delicada de como fazer escolhas corretas perante alternativas que dizem respeito ao nascimento (quando começa propriamente a vida do embrião e o que significa a vida?), a morte (quando cessa realmente e que critério escolher para a definir, cardiopulmonar ou cortical, do tronco encefálico ou do encéfalo?), a terapia (ligada a descobertas técnicas que permitem prolongar artificialmente a vida, mas também o sofrimento do paciente com formas de encarniçamento terapêutico). No já citado romance *A Consciência de Zeno* de Italo Svevo, o médico diz ao protagonista que não há esperança de que o pai, com edema cerebral, sobreviva, mas sugere-lhe o uso de sanguessugas dizendo: «Vai seguramente recuperar um pouco da consciência, porventura, enlouquecer», e, por isso, trouxe uma camisa-de-forças e um enfermeiro para essa eventualidade. Zeno zanga-se:

> Haverá, porventura, ação mais malvada do que a de recuperar a consciência de um doente sem ter a mínima esperança de o salvar e apenas para o expor ao desespero ou ao risco de ter de suportar – com que aflição

– a camisa-de-força? [...] Parecia-me uma crueldade inaudita não deixar morrer em paz quem estava definitivamente condenado.

Entram aqui em discussão valores em possível conflito, questões a respeito dos direitos de cada pessoa e a ética pública, que envolve não apenas a política e o mundo dos negócios, mas também a medicina e, em geral, a vida de cada indivíduo.

3. Referi estes exemplos de maneira necessariamente sumária e simplificada para sublinhar que as várias ciências conseguiram responder a muitas questões, embora nem sempre tenham conseguido apor a palavra fim a todos os problemas, inclusivamente àqueles que são específicos do seu campo de estudo. Nem tão-pouco fizeram desaparecer totalmente as questões filosóficas. Aquilo que produziram foi a problematização de conceitos que anteriormente eram considerados óbvios ou simples, dando motivo de reflexão também às filosofias. Este ponto foi com frequência sublinhado, ainda que de pontos de vista diferentes, por alguns dos mais importantes cientistas do século xx. Num livro divulgativo escrito por Albert Einstein em colaboração com Leopold Infeld, *A Evolução da Física* (1938), pode ler-se

> Os resultados das investigações científicas impõem amiúde mudanças na interpretação filosófica de problemas que ultrapassam muito o domínio restrito da própria ciência. Qual é o objetivo da ciência? O que se exige a uma teoria cuja intenção é a descrição da natureza? Embora saiam dos limites da física, estas perguntas estão intimamente ligadas a ela, já que a ciência dá os materiais que as fazem emergir. É sobre os resultados científicos que devem basear-se as generalizações filosóficas. Mas estas, assim que são enunciadas e largamente aceites, exercem muito frequentemente a sua influência no desenvolvimento subsequente do pensamento científico, impondo a escolha de uma determinada orientação entre todas aquelas que se poderiam seguir. Essa orientação prevalece enquanto a rebelião vitoriosa contra as ideias aceites não conduzir a novos e inesperados desenvolvimentos, que por sua vez se tornam fonte de novos aspetos filosóficos.

A estas observações acrescentam-se exemplos tirados da história da física. O físico Werner Heisenberg conta que outro célebre físico, Niels Bohr, lhe disse que «a busca do conhecimento é semelhante a um poço sem fundo», e outro ainda, Paul Dirac, que «a vida, no fundo, é como a ciência: viver significa encontrar dificuldades e tentar superá-las. E as dificuldades só são vencidas uma de cada vez». Heisenberg ficou com a impressão de que Dirac «considerava a investigação científica da mesma maneira que o alpinista olha para uma parede que está a escalar: o que conta é conseguir avançar os próximos quatro ou cinco metros, depois se verá. Deste modo, chega-se ao cume.» Heisenberg, ao invés, estava convencido de que as dificuldades se apresentavam sempre em cachos, não uma a uma, e de que

> só encontrando um caminho praticável se pode superar cada obstáculo. A comparação, porém, não é a melhor, porque quando se escala uma montanha não se consegue saber com exatidão o que nos espera mais acima ou as dificuldades que encontramos se fizermos um desvio para contornar determinado obstáculo; na ciência, ao invés, as relações fundamentais têm de ser necessariamente simples. Era minha convicção que a natureza é racional; ou melhor, que a razão consegue compreender e explicar a natureza.

Para ele, um especialista não é quem conhece profundamente o seu campo de estudo, dado que ninguém pode conhecer a fundo o que quer que seja, e, por isso, é preferível outra definição: especialista é «aquele que sabe que erros graves podem ser cometidos no seu campo e sabe como evitá-los». Afirmações como esta rebatem por completo as acusações de dogmatismo que por vezes são dirigidas às ciências por alguns filósofos.

Na realidade, a filosofia ocidental, logo desde os seus alvores, era devedora da ciência. É suficiente pensar na importância da geometria de Euclides para a elaboração do conceito de demonstração como dedução de conclusões a partir de premissas. Ou pensar na invenção do cálculo infinitesimal e, a seguir, na chamada teoria dos conjuntos para mostrar que a asserção de que «o todo é maior do que as partes» não é, de facto, óbvia no caso dos conjuntos infinitos: os números pares (2, 4, 6...), por exemplo, são uma parte dos números naturais (1, 2, 3, 4, 5...) e, no entanto, são ambos infinitos. Os desenvolvimentos das ciências levaram à problematização de conceitos tradicionais como os de «natureza» ou de «causa». A noção de natureza foi-se progressivamente ampliando, pondo ao lado dos objetos da experiência imediata objetos antes desconhecidos, como os elementos químicos ou as partículas atómicas e subatómicas ou as células dos organismos, ou fenómenos antes desconhecidos, como os fenómenos eletromagnéticos, etc. A teoria da relatividade de Einstein problematizou os conceitos de espaço e tempo, com os quais descrevemos a experiência comum de todos os dias, mostrando que eles se aplicam apenas a uma parte da realidade. Rejeitando o conceito até então indiscutível de simultaneidade, Einstein esclareceu que aquilo a que chamamos tempo tem um significado diferente para um observador que está em movimento e para um observador imobilizado, por isso, o espaço e o tempo não são independentes um do outro, podem ser ambos curvados ou distorcidos pela matéria e pela energia contida no universo. Com a teoria da relatividade geral, o espaço, disse o físico Carlo Rovelli, já não é concebido como contentor vazio, já não é uma coisa diferente da matéria, «mas é uma das componentes "materiais" do mundo, uma entidade que ondula, que flete e se encurva». O que se encurva também é o tempo, resultando verdadeira a previsão de Einstein de que o tempo passa mais rapidamente no alto e mais lentamente em baixo, próximo da Terra. Os próprios átomos não devem ser considerados como pedrinhas pequeninas, mas como «minúsculas ondinhas que correm, desaparecem e reaparecem», por isso aquilo que existe nunca é estável, mas um «vir à luz de um novo desaparecer contínuo de entidades efémeras». A conclusão é clara e eficaz: «Tomamos consciência de que estamos cheios de preconceitos e de que a nossa imagem intuitiva do mundo é parcial, paroquial, inadequada. O mundo continua a mudar sob os nossos olhos à medida que o vemos melhor.» Isto mostra que não se pode afirmar com segurança dogmática que o «mundo é como o vemos». Já a nossa descoberta de que não é o Sol que anda à volta da Terra, mas o contrário, no-lo havia mostrado, e ainda mais no-lo mostra a descoberta da relatividade geral. Parece, agora, incontestável que o universo está enormemente dilatado: a nossa galáxia faz parte de uma imensa nuvem de galáxias, com milhares de milhões de planetas. Como é possível, então, nutrir ainda um ingénuo antropocentrismo, convencidos de que o mundo foi feito sobretudo para nós homens, agarrados a este quintalinho que, como dizia Dante «nos faz tão ferozes?». A teoria darwiniana da evolução invalidou a antiga conceção segundo a qual as espécies de seres vivos eram fixas; as espécies são, ao invés, resultado de um longo e lentíssimo processo, no qual os indivíduos das várias espécies lutam para garantirem a sua conservação. Também este facto põe em crise qualquer pretensão do orgulho humano de estar no centro privilegiado do universo.

Farei também uma breve referência a um caso de interação entre ciência, técnica e filosofia, ligado a algo com que, atualmente, lidamos no dia a dia, o computador, e com que no futuro lidaremos ainda mais, os autómatos ou *robots*. Durante as suas viagens, Gulliver chega a Brobdingnag, habitada por seres de dimensões muito superiores às dos humanos. O rei de Brobdingnag, douto nos estudos da filosofia, sobretudo da matemática, ao observar a figura de Gulliver e ao vê-lo caminhar ereto, antes de ele começar a falar, formula a hipótese de que se trate de uma espécie de relógio, inventado por algum relojoeiro. Quando, porém, ouve a sua voz e verifica que aquilo que ele diz é regular e racional, não consegue esconder o seu espanto, e então faz-lhe várias perguntas, recebendo sempre respostas racionais. Consulta, de seguida, três grandes estudiosos, os quais, depois de terem examinado Gulliver, concordam em considerar que não podia ter sido produzido segundo as leis regulares da natureza. Ele, de facto, não era feito de maneira a ser capaz de conservar a própria vida pela velocidade, pela capacidade de trepar às árvores e por aí adiante. Porém, também exprimem opiniões diferentes: um diz que ele parece um embrião ou um aborto, mas os outros dois rejeitam tal ideia, referindo que os seus membros estão completos. Nem admitem que seja um anão, dado que a sua pequenez é incomparavelmente superior à dos seus anões, por isso, concluem, por fim, que Gulliver não é mais do que um *lusus naturale*, uma brincadeira da natureza. Aquilo que parece excluído desde logo pelo rei é, portanto, que Gulliver seja um dispositivo mecânico. A descoberta dos calculadores eletrónicos mostrou, ao invés, que eles têm em comum com o cérebro humano a capacidade de elaborar informações, aliás, às vezes realizam melhor e mais rapidamente operações abstratas próprias da nossa mente, como por exemplo, cálculos matemáticos, jogar xadrez, etc. O computador realiza estas operações executando procedimentos ou programas pré-estabelecidos – o chamado *software* –, enquanto o *hardware* consiste nos seus componentes materiais. Nasce então a pergunta: será possível construir um computador como uma rede de neurónios artificiais ligados entre si segundo determinados esquemas, de maneira a realizarem operações que imitem os processos de aprendizagem da mente humana?

Mais em geral, será possível construir uma máquina que simule o comportamento humano e que, portanto, seja capaz não apenas de calcular, mas também, em situações problemáticas, de tomar decisões que não estejam previstas pelo programa pré-estabelecido, isto é, de realizar operações que envolvam uma escolha autónoma? Até que ponto é, portanto, sustentável a existência de uma analogia entre o *software* do computador e a mente humana? No filme *2001: Odisseia no Espaço* (1968) de Kubrik, o cérebro eletrónico HAL alcança um tal ponto de amadurecimento que consegue errar, experienciar medos e paixões, bem como fazer mal e matar. Este problema estende-se também à construção de autómatos ou *robots*: quão grande poderá ser a esfera de comportamentos humanos que eles poderão ser capazes de simular e reproduzir? Leopardi, numa das *Pequenas Obras Morais* intitulada *Proposta de Prémios Feita pela Academia dos Silógrafos*, imagina que estão previstos prémios para os construtores de três tipos de máquinas. A primeira máquina seria a de «um amigo que não censure nem goze com o amigo ausente», o ajude, «não revele os seus segredos», não tenha inveja dele e por aí adiante, coisa não impossível, dado que existem autómatos inteligentes capazes, por exemplo, de jogar xadrez e de falar. A segunda máquina seria a de um «homem artificial a vapor, preparado e capacitado para fazer obras virtuosas e magnânimas», sendo o vapor, segundo a Academia, o único meio – por não haver outros – capaz de entusiasmar um autómato e de o orientar para o exercício da virtude e da glória». A terceira máquina, por fim, deveria estar disposta a desempenhar o ofício de mulher conforme a mulher imaginada» por Baldassare Castiglione em *O Cortesão* e por outros, isto é, um modelo da fidalga perfeita, «coisa também não impossível».

A ironia amarga de Leopardi é transparente, uma vez que amigos, homens realmente virtuosos e magnânimos e mulheres tão perfeitas são bem difíceis de encontrar. Mas por trás do véu da ironia, vislumbra-se o problema da possibilidade de um autómato poder reproduzir também características que parecem prerrogativa do género humano, como a amizade ou comportamentos moralmente e esteticamente apreciáveis.

Sobre este problema, a discussão entre os filósofos ainda decorre. Para alguns, entre as funções de um computador e as funções da mente humana existe uma analogia perfeita, ainda que tais funções sejam desempenhadas por materiais diferentes, as redes neuronais, no caso do cérebro humano, e sistemas de transístores e depois *microchips*, no caso dos computadores (isto é, o *hardware*). O pressuposto é que as ocorrências mentais podem ser reconduzidas a processos cerebrais, por isso a mente seria o modo com que o corpo se apresenta quando pensa ou realiza ações. Para outros, ao invés, a mente humana opera segundo modalidades que não são idênticas aos estados cerebrais, embora não sejam independentes deles, por isso não basta conhecer os estados cerebrais para conhecer os acontecimentos mentais. A mente humana é, nesta perspetiva, capaz de desempenhar algumas funções que a máquina não consegue substituir, por exemplo, compreender frases, isto é, ligar símbolos aos seus conteúdos. Por outro lado, pode defender-se que a mente humana, estando ligada a um corpo, encontra-se sempre mergulhada em situações específicas, com bagagens de conhecimentos próprios, organizados com base em determinadas necessidades, interesses e objetivos específicos de cada indivíduo. Consequentemente, as relações com a realidade são condicionadas pelas características próprias da cultura em que cada indivíduo vive. Tais relações são caracterizadas pela incerteza e a indeterminação, variáveis de caso para caso, coisa que um computador não é capaz, de vez em vez, de prever e, portanto, de enfrentar. Nesse caso, pode-se então rejeitar a ideia de que o cérebro é a simples soma de neurónios ligados entre si, sendo, ao invés, constituído por uma estrutura complexa dotada de plasticidade, na qual as ligações entre os vários elementos são tão importantes como os próprios elementos.

Mas não são apenas as ciências, cada uma delas, a serem fonte contínua de perguntas para os filósofos. É a própria ciência enquanto tal, os procedimentos que a caracterizam, que coloca interrogações aos filósofos, logo a partir da Antiguidade, quando nasceu uma disciplina específica chamada *filosofia da ciência*. Recuperando uma metáfora utilizada em arquitetura, podemos questionar-nos sobre quais as fundações sobre as quais assenta o edifício de uma ciência e que asseguram a validade dos resultados das suas investigações. Trata-se, então, de investigar a natureza e a função dos ingredientes com os quais se constroem as teorias científicas, o que significa falar de axiomas ou de hipóteses ou de leis da natureza, no sentido de formulações gerais que dizem respeito às relações objetivas e constantes entre factos, recolhidas através de observações repetidas de casos particulares. Parece, porém, difícil dar uma resposta geral que valha para todas as ciências, quanto mais não seja porque são notavelmente diferentes os procedimentos e os instrumentos com que elas constroem as teorias. De um lado, com efeito, estão as disciplinas matemáticas e, do outro, as chamadas ciências empíricas, como a física, a química ou a biologia, mas também a psicologia ou a sociologia. No caso das ciências empíricas, o problema pode verter sobre quais as relações entre as teorias e os dados recolhidos pela observação e pelas experiências, realizadas com instrumentos adequados. Mais em geral, levantou-se também a questão de saber se o conhecimento científico consiste na explicação causal dos fenómenos estudados, na simples descrição de tais fenómenos ou na capacidade de formular previsões. É inútil dizer que, também nestes territórios, as respostas dos filósofos são, amiúde, divergentes, e a discussão permanece em aberto.

Nestas perspetivas, todavia, o problema crucial não é tanto o de perguntar quais são os estados cognitivos ou as operações psicológicas (perceção, memória, intelecto) mediante as quais se consegue adquirir os vários corpos de conhecimento, mas mais o de identificar os modos com que estes corpos de conhecimento – que no plano linguístico se apresentam como conjuntos de proposições – são ou devem ser estruturados para que se possa falar de ciências no seu sentido exato. Por exemplo, existem proposições gerais de que se podem deduzir consequências verdadeiras menos gerais ou é possível subir do visível para o invisível, como dos sintomas até à doença de que são sinal? Emerge, neste caso, a consciência de que a realidade do mundo não é imediatamente visível e transparente para o homem, não é exatamente como aparece. Desde a Antiguidade, fez-se sentir a exigência de ir além do revestimento exterior das coisas, para se saber como elas estão realmente, para captar, para lá da sua multiplicidade, princípios capazes de fornecer a explicação da estrutura global do mundo. Mas foram avançadas dúvidas sobre a possibilidade de alcançar semelhante objetivo de maneira definitiva: aquilo que seria possível é formular teorias ou hipóteses e submetê-las a verificação e controlos contínuos, sem excluir a eventualidade de emergirem observações ou dados capazes de as confirmar ou não, com a necessidade, portanto, de se formularem novas hipóteses. A própria ciência, portanto, estaria aberta e teria um carácter evolutivo de crescimento, levando à substituição de hipóteses cada vez mais capazes de resistir a tentativas de confutação. Conceções mais fortes do desenvolvimento das ciências baseiam-se, ao invés, na noção de progresso, que pode ser entendido como acumulação crescente de novos conhecimentos que ampliam os conhecimentos anteriores, ou explicações mais adequadas dos fenómenos observados graças à assunção de novos pontos de vista ou de novas técnicas ou instrumentos de análise. Mas fez-se notar que as ciências encontram no seu caminho obstáculos de variada natureza que elas se esforçam com afinco por dissolver ou superar, motivo pelo qual a ciência também se poderia configurar, disseram, como «um conjunto de erros retificados», e o seu caminho não seria nada linear e contínuo. Por vezes, ocorrem revoluções, como na astronomia com a revolução coperniciana. Por vezes, na história, estas revoluções encontraram oposição por motivos religiosos ou políticos, enquanto hoje, em geral, a aceitação de uma teoria científica não parece depender das autoridades estatais, mas sim das verificações levadas a cabo pela comunidade científica, isto é, por indivíduos que receberam uma formação e um treino especializado num certo âmbito da investigação. Eles põem à prova as hipóteses e os resultados das investigações e as experiências realizadas por cada investigador ou grupos de investigadores, são capazes de repeti-los e de convalidar ou refutar os resultados obtidos.

4. Apesar da opinião de alguns filósofos, filosofia e ciência não são alternativas uma à outra, ambas são movidas pelo amor ao

conhecimento, ambas nascem da exigência de fazer perguntas e tentar encontrar respostas. Como dizia a si mesmo o diabo Mefistófeles no *Fausto* (1808) de Goethe, pensando em Fausto que lhe vende a alma: «é suficiente que desprezes a razão e a ciência, a força suprema do homem; deixa-te levar cada vez mais por obras de engano e encantamento, pelo espírito da mentira, e ter-te-ei incondicionalmente em meu poder». Em *O Visconde Cortado ao Meio* (1952), Italo Calvino imaginou um homem dividido em duas partes, uma metade boa e outra metade má, representando a situação do homem contemporâneo, mutilado, privado da sua integridade. No mundo contemporâneo, as ciências alcançaram um tal grau de complexidade e de especialização que o indivíduo competente num único ramo dificilmente consegue penetrar a fundo nos conteúdos e dominar os métodos de outras ciências. É difícil, por exemplo, que um biólogo seja igualmente competente na teoria matemática dos conjuntos ou em complexos procedimentos de análise de dados em astronomia. Mas o mesmo se diga de quem pratica a filosofia como «especialista», profissionalmente: também neste caso são necessárias competências que nem todos possuem. Seria, porém, indevido representar a filosofia ou determinada ciência como a metade boa ou a metade má, em que a primeira seria empreendida e a segunda rejeitada. Embatemos, aqui, no problema das chamadas duas culturas, a científica e a humanista, em que habitualmente se insere também a filosofia. Devemos forçosamente manter-nos oprimidos no círculo fechado de uma cultura apenas científica ou de uma cultura só humanista? Já no passado este problema estava presente, embora hoje se ponha com particular dramaticidade.

Homero inventou uma personagem, Margites, que sabia tudo, mas sabia tudo mal. Assim, os dois reformados do romance incompleto de Gustave Flaubert (publicado postumamente em 1881) *Bouvard e Pécuchet*, por desejo de conhecer, passam entusiasmados de um campo disciplinar para outro, baseando-se em manuais e estudos superficiais, mas desafeiçoando-se rapidamente de quando em vez. Procuram usar apenas termos abstratos – por exemplo, em vez de dizerem «é tempo de cear», dizem «chegou a hora de absorvermos alimentos» – e acabam por dizer muitos disparates, concluindo o seu longo itinerário pelos vários campos do saber com a sugestão: «copiemos», que denota a renúncia a qualquer aprendizagem ativa e a qualquer investigação e reflexão autónomas. Não por acaso, Flaubert predispôs em simultâneo um *Dicionário das Ideias Recebidas*, isto é, correntes, um repertório de frases feitas, lugares-comuns e daquelas que hoje designamos de «mitos urbanos» ou *fake news*, por exemplo, que o melão provoca a cólera e que a cura implica que se beba muito chá com rum, ou então que o leite dissolve as ostras, atrai as serpentes, embranquece a pele, tanto é que algumas parisienses tomavam banho de leite todas as manhãs. No romance *Mas o que É Este Amor?* (1927), Achille Campanile diz que a profissão de enviado especial conhece três fases.

> Escolhamos um lugar qualquer; por exemplo, o Polo. Na primeira fase – que chamaremos fase da montagem e que remonta a trinta anos – o enviado especial publicava uma série de artigos em que descrevia, com evidente exagero, a paisagem, os ursos brancos, as focas, os pinguins e os esquimós, com os seus usos e costumes. Afirmava despudoradamente ter visto coisas extraordinárias e não se coibia de inventar o que quer que fosse.

Veio, depois, a segunda fase:

> uma vez descritas todas estas coisas fabulosas, os enviados especiais fizeram marcha atrás, para não se repetirem, e começaram a enviar correspondência, assegurando que no Polo não havia ursos, focas, pinguins, esquimós nem gelo; que, aliás, o Polo tinha sido exagerado; e que se tratava de um país como os outros, sem nada de extraordinário; o mais audaz chegou ao ponto de contar que no Polo fazia um calor fantástico e que se podia passear de manga curta e calções de flanela. Outro excluiu inclusivamente a existência do Polo. Depois disto, veio a terceira fase. Nesta fase, que designaremos de espirituosa e que dura ainda hoje, os enviados especiais desmentem-se uns aos outros, assegurando que o Polo é uma grande organização turística e que, por isso, tem, sim, ursos, focas, pinguins, esquimós e gelo, só que são ursos embalsamados, focas empalhadas, pinguins falsos, gelo pintado em papelão e espanhóis pagos ao dia para fazerem de esquimós. Entende-se, assim, que nunca nenhum enviado especial, em qualquer uma das fases, esteve nestes lugares e que tais fases, com as devidas diferenças, valem para todos os países do mundo.

Os textos de Flaubert mostram quão ridículo ou impossível é hoje o mito do «homem universal» capaz de dominar plenamente todas as formas de cultura e de saber, como o antigo Hípias de Elis, que sabia tudo e era capaz de recordar tudo e até mesmo de fabricar cintos, pentes e por aí adiante. Porventura, o homem enciclopédico nunca existiu, muito menos hoje, com as especializações crescentes. Mas a impossibilidade de formar um homem do género deve levar à consequência de ter de formar homens apenas com competências e conhecimentos científicos ou apenas com competências humanistas? O problema – que se coloca no centro da escola – é precisamente o de não almejar a um *homo dimidiatus*, um homem cortado ao meio, destinado a uma única atividade ou ofício, aquele que desempenhará em adulto, desprovido de qualquer capacidade ou competência para aceder a outras dimensões da cultura humana. Só lentamente um jovem consegue amadurecer as suas competências e, portanto, amadurecer a ideia de qual atividade poderá desenvolver quando adulto. Para quê enriquecer o jovem desde o início numa coisa só e empobrecê-lo em todas as outras? O escritor alemão Hans Magnus Enzensberger, numa coletânea de poemas e textos em prosa publicada em italiano com o título *Gli elisir della scienza* (2004), disse: «A ciência está prestes a mudar a natureza do homem, este deveria ser o tema candente de todos os humanistas cultos... Ao invés, os dois grupos são antissépticos e imunes uns aos outros, figuras involuntariamente cómicas».

Num mundo apenas de especialistas nasce o problema de saber quem tem competência para avaliar a obra de um especialista. Em primeiro lugar, como se disse, são os especialistas do mesmo campo de saber: só eles, naturalmente, podem certificar o grau de verdade das afirmações dos seus colegas. Mas os outros ficarão então inevitavelmente excluídos da possibilidade, se não de controlar plenamente, pelo menos em certa medida de compreender as modalidades e os resultados da obra do especialista? Emerge aqui o problema da divulgação científica, tão importante nos nossos dias. O especialista será, por seu lado, capaz de fazer-se compreender também pelo não especialista graças a um treino linguístico capaz de traduzir os conteúdos técnicos do seu saber? É suficiente pensar em como isso é tão relevante no que diz respeito a um médico: limitar-se-á a prescrever ou tentará explicar ao paciente as razões do tratamento? Porventura, uma formação escolar geral em ambos os âmbitos culturais, científico e humanístico-filosófico, conseguiria impedir o aparecimento de posturas de fechamento recíproco e barreiras inultrapassáveis. Uma formação também filosófica – mas certamente não só – pode talvez contribuir para a compreensão, pelo menos em parte, dos discursos e das explicações gerais fornecidas pelos especialistas. A filosofia pode ser um bom exemplo dos modos de empreender relações também com o saber científico, não a pseudofilosofia, que se sente no direito de pontificar sobre qualquer tema, sobretudo nos jornais e nos debates televisivos. Causa sempre espanto quando, de um lado, se ouve filósofos (ou letrados) falarem de ciências específicas sem terem delas um conhecimento minimamente adequado e, do outro, cientistas que embarcam não apenas em citações de autores clássicos (sobretudo antigos), muitas vezes erradas, mas escrevem sobre a história da sua ciência sem aplicarem a tais investigações o rigor que utilizam no seu trabalho científico, ou seja, sem usarem aquelas técnicas de certificação dos factos e de exame da documentação que séculos de trabalho filológico e histórico tentaram desenvolver. Deste modo, faz-se mal a ambas, tanto à filosofia com à ciência.

O homem do ofício – diz Musil em *O Homem sem Qualidades* – descobre «inexoravelmente aquelas pequenas inexatidões, aquelas imprecisões que revelam o diletante, tal como basta uma costura para distinguir um vestido feito em casa de outro costurado numa verdadeira alfaiataria». Deverão os não especialistas, por esta razão, depender totalmente do poder dos especialistas? Por vezes, o conhecimento enquanto tal, o saber, as ciências e a técnica são demonizados, pois seriam formas de poder e, portanto, de violência, como se o poder estivesse ausente de qualquer outro âmbito. Na realidade, o poder está presente em qualquer relação social, como vimos quando se refletiu sobre o conceito de liberdade. O facto é que há poder e poder, nem todo o poder é conhecimento, e nem todo o poder é violência. Se for negada a possibilidade de conhecer e de aceder a pelo menos algumas formas de verdade, só resta a violência e a opressão, não necessariamente exercidas com a força física, mas também com inúmeros outros meio, também verbais, como o controlo dos meios de comunicação social, formas de propaganda e de publicidade. Aliás, o conhecimento, acompanhado pela capacidade crítica de avaliar a atendibilidade das argumentações e das notícias sobre os factos, pode funcionar como contrapoder relativamente a estas formas de violência *soft* escondida, sobretudo hoje, que estamos dispostos a aceitar qualquer discurso ou notícia, desprevenidos perante a falsidade e a mentira. O espírito científico e o espírito filosófico (e, mais em geral, humanístico), embora tenham formas diferentes e diferentes modos de expressão, em última instância perseguem objetivos análogos: despertar, construir e reforçar o chamado espírito crítico, em que «crítico» significa precisamente capacidade de discriminar. Mas isso só é possível se as mentes não estiverem completamente escravas daquilo que é óbvio, de crenças exibidas como se fossem verdades «naturais»: o mundo não é apenas como aparece.

A aquisição deste *habitus* requer esforço. A aprendizagem requer esforço, e esforço a ser exercido sobre conteúdos difíceis, os conhecimentos científicos, mas também sobre línguas distantes de nós e já não faladas, e também sobre a filosofia, com as suas linguagens técnicas. No romance *A Mancha Humana* (2000), de Philip Roth, Ernestine, uma professora negra numa escola secundária dos Estados Unidos, diz ao escritor Nathan Zuckermann:

> No tempo dos meus pais, e também no meu e no seu tempo, as carências eram do indivíduo. Hoje são da disciplina. Ler os clássicos é demasiado difícil, portanto, a culpa é dos clássicos. Hoje o estudante exibe a sua incapacidade como se fosse um privilégio. Não consigo aprender, logo deve haver algo de errado naquilo que quero aprender. E algo de particularmente errado deve ter o mau professor que pretende ensiná-lo.

A verdadeira contraposição é hoje entre «saberes difíceis» e «saberes fáceis», ou melhor, saberes aparentes, feitos de atalhos, simplificações, empobrecimentos linguísticos e argumentativos, saberes de superfície, saberes de fórmulas. Esta é a verdadeira alternativa para uma escola do futuro, uma escola que ensine realmente a dominar a Internet, não apenas a saber bater as teclas e a ser escravos de tudo o que passa por esta via. Uma personagem do romance de *Purity* (2015), de Jonathan Franzen, de que falarei mais adiante (no capítulo

6), sublinha o aspeto terrível que pode assumir o mundo da Internet, «governado sobretudo pelo medo: medo de ser impopular ou falhado, medo de ser excluído, medo de ser insultado ou esquecido». Daqui resulta a necessidade de postar imagens de atos de violência perpetrada pelo próprio sobre indivíduos mais frágeis e inocentes, por medo de não parecer «superior». Ao invés, seria, portanto, necessário treinar-se para fazer da Internet um mundo de libertação, de abertura e de enriquecimento. Contrapor cultura científica e cultura filosófica e humanista é uma armadilha, é como abrir uma guerra entre pobres. Na realidade, são culturas alinhadas numa frente comum, numa batalha comum contra um modelo de cultura incapaz de distinções, análises, sensibilidades e argumentações. A integração entre os dois âmbitos é certamente difícil, mas pode surgir alguma esperança de sucesso, mostrando que o esforço da aprendizagem pode aliar-se ao prazer de conhecer. Talvez também a filosofia, que é amor do saber e sabedoria, possa tornar-se, por seu lado, também objeto de amor. O termo grego antigo para educação era *paideia*, uma palavra derivada de *pais*, criança. E de *pais* deriva também a palavra *paidía*, jogo. A educação é precisamente o percurso que acompanha a criança até à idade adulta, mas sem abandonar por completo a componente lúdica. Aprender a tocar um instrumento musical também envolve esforço, mas quando se tem prazer em tocá-lo, vai-se querer tocar cada vez mais e melhor. Mas isso implica não confundir estudo divertido com estudo fácil de poucas coisas. Como escreveu o meu amigo Gianluigi Beccaria em *Italiano. Antico e nuovo* (1988): «pôr toda a gente em redor de uma mesa despida, sem conteúdos substanciais, sem pratos fortes, não foi uma grande conquista».

Capítulo 6

COMPREENDER OS OUTROS: OUTROS TEMPOS

1. Por vezes, depois de termos falado com alguém, acontece questionarmo-nos: «o que é que ele queria dizer?», «do que é que está a falar?» ou «porque é que está a dizer isto?». São perguntas que exprimem a necessidade de compreender as palavras ditas por alguém, mas também os motivos ou os objetivos com que foram ditas. Seria fantástico conseguir penetrar na mente ou no pensamento de quem diz tais palavras, mas essa esfera é inacessível a todos. No já citado *Purity*, de Jonathan Franzen, a mãe da protagonista (Purity, diminutivo Pip) não lhe quer dizer quem é o pai dela. A certa altura, é-lhe colocada a seguinte pergunta: «qual dos seguintes superpoderes gostavas de ter? Voar, ser invisível, ler o pensamento ou parar o tempo para todos menos para ti?» Pip responde: ler o pensamento, e explica porquê:

> Porque não confio nas pessoas. Porque a minha mãe, em quem confio, não me diz certas coisas, coisas muito importantes, e seria belo ter uma maneira de as descobrir sem que ela mas tenha de revelar. Assim, saberia aquilo que quero saber, mas ela poderia ficar tranquila. E depois, com todos os outros, literalmente todos, nunca sei o que pensam de mim, e não sou muito boa a adivinhá-lo. Por isso, seria belo conseguir mergulhar nas suas cabeças, tipo durante um par de segundos, e verificar se está tudo

> bem, para ter a certeza de que não estão a pensar muito mal de mim sem que eu saiba, e depois podia confiar neles. Não me aproveitaria disso nem nada do género. Só que é duro nunca confiar nos outros. Tenho sempre de me esforçar para perceber o que querem de mim. A longo prazo é muito cansativo.

Compreender os outros dar-lhe-ia segurança, enquanto não compreendê-los gera incómodo e insegurança, mas Pip sabe que é impossível penetrar na mente dos outros. Aquilo que é possível é apenas tentar captar o conteúdo do pensamento expresso nas palavras que se escutam. A via principal para conseguir compreender os outros é, em primeiro lugar e sempre, a palavra que sai das suas bocas, mas isso nem sempre é fácil. As palavras nem sempre são imediatamente transparentes, aliás, por vezes são mesmo usadas intencionalmente também para esconder alguma coisa ou tornar a compreensão difícil para os outros. Pelo que diz o seu biógrafo Richard Ellmann, o romancista irlandês James Joyce, a propósito do seu romance *Ulisses*, teria ironicamente dito: «Inseri nele tantos enigmas e *puzzles* que os professores irão manter-se ocupados pelos séculos a tentar decifrar o que queria dizer, e este é o único modo para assegurar a imortalidade.»

A linguagem não é feita apenas de frases que descrevem ou informam sobre coisas, pessoas, estados de facto ou acontecimentos, ou que afirmam ou negam que determinada coisa tem esta ou aquela propriedade. Sobre estas proposições podemos questionar-nos se são verdadeiras ou falsas. Existem, porém, também expressões que parecem descrever algo, mas não têm a propriedade de serem verdadeiras ou falsas, mas sim de realizarem determinada coisa. Por exemplo, se, tendo decidido casar, perante a pergunta do celebrante se aceito como legítimo cônjuge XY, respondo «Sim», com tal resposta não faço o relato de algo que está a acontecer, mas realizo o ato de me casar, sanciono que isso está a acontecer. Tal não aconteceria se me limitasse a dizer «Sim» apenas a XY, e não também perante o celebrante. Portanto, também conta a circunstância em que a frase é dita. Deste modo, se o árbitro de um jogo de futebol disser «mão», ele não se limita a descrever o facto de o jogador ter tocado na bola com a mão, mas declara falta e anuncia um veredicto: penálti. Existem, portanto, expressões linguísticas que formulam também ordens, pedidos ou perguntas, além de emoções e sentimentos. Vejamos, por exemplo, frases como «a janela está aberta», «abre a janela» e «a janela está aberta?». Fazem, todas elas, referência à janela e ao facto de estar aberta, e pressupõem que se saiba o que é uma janela e o que significa estar aberta, mas diferem na atitude em relação a este conteúdo comum. A primeira afirma que é verdade que a janela esteja aberta no momento em que se pronunciou aquela frase: que a janela esteja aberta é um facto, pode-se constatá-lo. Mas poderia também exprimir a preocupação, por exemplo, de que da janela aberta entre ar demasiado frio na sala, e, portanto, exprimir também o desejo de que seja fechada. Ou então pode exprimir satisfação, porque, estando demasiado calor ou cheirando a sala a fechado, finalmente entra um pouco de ar fresco. Esta mesma ambivalência pode caracterizar a terceira fase, a que faz a pergunta sobre se a janela está aberta. A segunda, ao invés, formula uma ordem ou um pedido, que espera ser atendido. Mas também uma ordem como «saiam!» pode ser interpretada como sinal da irritação de quem formula a ordem.

Deste modo, para se compreender o que é dito também é importante ter em conta o contexto e a ocasião em que se diz. Para tal, captar o tom da voz, os gestos e as expressões do rosto que acompanham as palavras ditas ajuda, por vezes, a perceber se alguém está a falar a sério ou a esconder alguma coisa. Foi dito que se pode mentir com a boca, mas com a expressão que a acompanha também se pode dizer a verdade.» O neurologista Oliver Sachs afirma que se trata de uma habilidade que também podemos reconhecer nos cães, isto é, a capacidade de perceber em quem se pode confiar. Uma descoberta recente, a dos neurónios espelho, esclareceu que o cérebro possui estruturas que possibilitam a compreensão entre indivíduos, no sentido em que, quer quando agimos nós, quer quando vemos os outros a ter comportamentos sensatos, ou seja, orientados para um objetivo identificável – por exemplo, pegar num garfo – ativam-se as mesmas áreas do cérebro. Este facto facilita a nossa possibilidade de compreender o que os outros estão a fazer e de ver o mundo do ponto de vista deles. Não devemos, porém, iludir-nos, pensando que os gestos e o tom de voz tornem sempre transparente o que é dito. Por exemplo, o gesto de piscar o olho: pode ser um tique involuntário, mas pode também ser sinal de cumplicidade com alguém, para fazer reparar em determinada coisa, eventualmente ridícula. Com o gesto passa-se o mesmo, só que no segundo caso é guiado por uma intenção e, portanto, dirigido a alguém em específico, eventualmente excluindo outros sem que estes se apercebam disso.

O equívoco de palavras e gestos está sempre à espreita: uma representação exemplar disso encontra-se no romance *Emma* (1815), de Jane Austen, com a protagonista continuamente envolvida em perspetivar, entendendo mal palavras e gestos, casamentos entre pessoas, que depois não se realizam. Às vezes, só passado muito tempo se consegue finalmente compreender alguém. No conto *O Duelo* (1891), de Anton Tchékhov, um funcionário público, o nobre Laievski, cheio de dívidas, convive com uma mulher que ele roubou ao marido, mas depois entedia-se e pretende deixá-la. Vê-se, porém, envolvido num duelo, que termina sem consequências negativas para os duelistas, mas que provoca nele uma mudança, juntamente com a descoberta de que a mulher o trai com outro. Ele entende-se então com a mulher e empenha-se em trabalhos humildes para pagar as suas dívidas. De seguida, o seu adversário de duelo, tendo feito as pazes com ele, ao deixar a cidade vai ter com ele para se despedir, dizendo-lhe que se tinha enganado a seu respeito, como constatava agora com grande alegria. «Ninguém conhece a verdade verdadeira», diz, como confirma também Laievski, o qual comenta: «Na busca da verdade os homens dão dois passos em frente e um atrás. O sofrimento, os erros e o tédio na vida fazem-nos recuar, mas a sede de verdade e o querer obstinado impelem-nos em frente. E quem sabe? Talvez alcancemos a verdade verdadeira.»

A exigência de compreender os outros, aquilo que dizem e fazem, é central para a vida quotidiana. Nos antípodas, está a solidão. O protagonista do romance de François Mauriac *O Nó de Víboras* (1932), um advogado de sucesso que atribui a si próprio o dom de inspirar ódio e de deixar terra queimada em seu redor, no final da vida escreve uma espécie de memorial à mulher. Nesse memorial, entre outras coisas, afirma: «durantes estes quarenta anos em que sofremos ao lado um do outro, encontraste força para evitar qualquer palavra que fosse profunda». Só no fim, a partir de uma frase da mulher, deduz «a esperança de ter sido amado, quarenta anos antes, sem o ter sabido». A solidão parece caracterizar sobretudo os tiranos e ditadores. No fim do já citado romance de Gabriel García Marquez, *O Outono do Patriarca*, o ditador fica sozinho no seu palácio: tinha tentado compensar o seu «destino infame com o culto ardente do vício solitário do poder». Todas as personagens de outro romance dele, *Cem Anos de Solidão* (1967), são vítimas, cada qual à sua maneira, da solidão, que, todavia, em certas circunstâncias pode inclusivamente ser uma âncora de salvação. O coronel Aureliano Buendía, depois de ter chefiado inúmeras revoltas contra os governos do seu país, «taciturno, silencioso, insensível ao novo sopro de vitalidade que fazia tremer a casa [...], mal compreendeu que o segredo de uma boa velhice não é mais do que um pacto honesto com a solidão». Assim, Fernanda, cheia de orgulho, que se sentia uma rainha, quebra perante a nostalgia: «A necessidade de se sentir triste ia-se transformando nela num vício à medida que os anos a devastavam. Humanizou-se na solidão.» Outras duas personagens parecem, por fim, furtar-se à solidão, aproximando-se: «Aquela aproximação entre dois solitários do mesmo sangue estava muito distante da amizade, mas permitiu a ambos suportar melhor a insondável solidão que ao mesmo tempo os separava e unia.» Sobretudo, o amor consegue assegurar a única possibilidade de felicidade: «Naquela Macondo esquecida até pelos pássaros [...], enclausurados pela solidão e pelo amor, e pela solidão do amor, numa casa em que era quase impossível dormir por causa do barulho das formigas vermelhas, Aureliano e Amaranta Ursula eram os únicos seres felizes, e os mais felizes sobre a terra.» A amizade e o amor parecem ser as vias principais para nos furtarmos à solidão, mas em ambas as situações é constitutiva a relação com o outro e a necessidade de compreender o outro. Como escreve Flaiano: «os "outros" são, bem ou mal, a prova de que estamos a viver. Não os desvalorize.»

2. Por esta altura poderíamos perguntar-nos o que é que tudo isto tem que ver com a filosofia. A filosofia, no curso de muitos séculos, exprimiu-se em textos escritos. Estes, ao contrário de frases ditas oralmente que são escutadas, não são acompanhados por gestos que possam ajudar a perceber o que está escrito neles, nem é imediatamente

dado o contexto em que tais palavras foram escritas. Os textos escritos, porém, têm a vantagem de usufruir de uma certa permanência: são transmitidos em suportes materiais, como manuscritos ou livros impressos, ou a memória de um computador, que, se não forem destruídos, têm a possibilidade de continuar a sobreviver ao longo do tempo. Que é precisa muita cautela também na análise das palavras escritas, sobretudo quando são expressas de maneira contraída, prova-o a experiência que todos podem fazer com mensagens na Internet. Uma paródia antecipada deste modo de exprimir-se pode encontrar-se em *Os Cadernos Póstumos do Clube Pickwick*, no modo como se exprime um aldrabão de nome Alfred Jingle: «Acabado de chegar. Estou no "Corona". O "Corona" de Muggleton. Encontrei um grupo de pessoas. Casacos de flanela. Calças brancas. Sandes de anchovas. Rins na frigideira. Rapazes extraordinários.» O senhor Pickwick, sublinha Dickens

> já estava habituado à linguagem estenográfica do desconhecido para deduzir, a partir destas rápidas e desligadas explicações, que ele, de um modo ou de outro, tinha conhecido a equipa do Muggleton e que, com um procedimento que lhe era caraterístico, tinha bem depressa transformado o simples conhecimento naquela camaradagem tão cordial da qual nasce inevitavelmente um convite para o almoço.

Uma pessoa que não tivesse a experiência de Pickwick dificilmente teria sido capaz de tirar aquelas conclusões. Mas, felizmente, nos textos filosóficos não se usa uma linguagem telegráfica, embora, às vezes, alguns filósofos avancem mediante aforismos ou máximas, isto é, com breves frases destacadas.

O poeta romanesco Giuseppe Gioachino Belli, num soneto de 1834, punha na boca de um popular da Roma papalina, dilacerado pela fome e pelos problemas da sobrevivência diária, esta lamentação sobre a presença de bancas de livros no mercado da Piazza Navona:

> [...] o que aprendes
> com tantos livros e livrarias?
> Tu pega num livro de barriga vazia, e depois
> de o teres algumas horas na mão,

diz-me se ainda tens fome ou se comeste de mais.
O que pregava o padre na Missão?
«Os livros não são coisa de cristão:
filhos, por amor de Deus, não os leiam.»

Vendo bem, palavras análogas foram ditas há uns anos por um ministro, segundo o qual a cultura não se come. A presença de livros à nossa volta, em papel impresso ou em formato digital, pode parecer, hoje, uma coisa de tal forma óbvia que faz esquecer que poder lê-los é também um privilégio, fruto de uma dura e lenta conquista. Naturalmente, pode-se renunciar aos livros, mas os livros dos filósofos são uma boa ocasião para tentar compreender e aprender a compreender. Sobretudo, quando se trata de livros que têm qualidades positivas, eventualmente reconhecidas com o passar do tempo, e podem por isso contribuir para despertar o espanto e o questionamento, de onde, como já se disse, brota a filosofia. Noutra das suas *Pequenas Obras Morais*, intitulada *Ditos Memoráveis de Filippo Ottonieri*, Giacomo Leopardi observa:

> Os livros são por natureza como aquelas pessoas que, estando com os outros, falam sempre elas e nunca escutam os outros. É necessário, portanto, que o livro diga coisas muito boas e belas; para que os leitores lhe perdoem aquele estar sempre a falar. Caso contrário, qualquer livro é odiado, como se de um falador insaciável se tratasse.

Outro escritor, Robert Louis Stevenson, o famoso autor de *A Ilha do Tesouro* (1883), descreveu de maneira perspicaz o que significa ler e os efeitos positivos que pode produzir. Diz ele que o dom da leitura

> Consiste, antes de mais, num grande mérito intelectual, uma livre garantia por meio da qual o homem é capaz de compreender que nem sempre tem razão e que nem sempre aqueles de quem discorda estão regularmente errados. Ele pode ter dogmas e estar tenazmente encantado com eles, e pode saber que outros os cultivam de maneira mais ligeira e diferente da dele, ou que nem sequer os cultivam. Pois bem, se tiver o dom da leitura, os outros serão um alimento para ele, pois veem a outra

face de uma proposição e a outra vertente da verdade. Ele não deverá, por isso, mudar os seus dogmas, poderá, sim, mudar a sua leitura do dogma, incrementando e corrigindo as deduções que daí resultam. Uma verdade humana, que se assemelha sempre a uma mentira, encobre tanta vitalidade quanto a que revela. São os homens quem professam outra verdade – ou uma perigosa mentira, como porventura a chamaria eu –, os quais são capazes de dilatar o nosso limitado campo cognoscitivo e de despertar a nossa consciência sonolenta. Uma coisa que pareça nova em folha, ou vulgarmente falsa e muito perigosa, constitui a prova para o leitor. Se tenta compreender o que significa, então possui o dom da leitura e está habilitado para ela. Se, ao invés, se sente ofendido ou censura a loucura do autor, é melhor que se dedique aos jornais, pois nunca será um verdadeiro leitor.

O romance *Fahrenheit 431* (1953) de Ray Bradbury, do qual em 1966 nasceu um filme realizado por François Truffaut, representa de maneira arrepiante o que significa ser obrigado a viver num mundo sem livros. Nele se descreve uma sociedade imaginária do futuro em que é considerado crime possuir e ler livros, e foi criado um corpo de bombeiros dedicado a queimar os livros e as casas onde forem encontrados. Aquilo que aqui é simplesmente imaginado aconteceu, na realidade, várias vezes ao longo dos séculos, inclusivamente em tempos próximos, desde a queima de livros considerados incompatíveis com o regime nazi em Berlim em 1933, até às queimas mais recentes levadas a cabo pelo ISIS. «Onde se queimarem livros – diz o poeta alemão Heinrich Heine no poema *Almansor* (1822) – hão de, por fim, queimar-se homens.» No romance de Bradbury, um dos bombeiros, Guy Montag, está inicialmente convencido da bondade desta situação, mas depois começa a questionar-se sobre o que levará alguns a arriscarem a vida, como vê acontecer com uma idosa que se deixa queimar em sua casa para não ter de renunciar aos seus livros. O que contêm estes livros? Começa, então, a salvar alguns e a lê-los às escondidas. A mulher denuncia-o e deixa-o, e ele foge e encontra-se com outros, que conservam o património cultural da humanidade memorizando os conteúdos dos livros, sem, porém, os conservarem para não infringirem a lei. Depois, é lançada sobre a cidade uma bomba nuclear, e então

Montag e os seus camaradas acorrem para socorrer os sobreviventes e tentarem reconstruir a sociedade. A lição parece clara: quem conseguiu salvaguardar alguma coisa da cultura passada não perdeu a noção de solidariedade, inclusivamente em relação àqueles que os combatiam.

Em *À Espera no Centeio*, o protagonista, o jovem Holden, afastado da escola onde reprovou a várias disciplinas, tem a intenção de abandonar os estudos. O seu antigo professor de Literatura diz-lhe:

> A quem cai não é permitido dar-se conta nem sentir quando bate no fundo. Continua somente a cair. Esta bela combinação destina-se aos homens que, num determinado momento das suas vidas, tentaram algo que os seus ambientes não conseguiam dar-lhes. Ou que eles achavam que os seus ambientes não podiam dar-lhes. De modo que cessaram de procurar. Cessaram ainda antes de terem verdadeiramente começado.

E acrescenta:

> E lamento dizer-to, mas creio que assim que começares a ver claramente aonde queres ir, o teu primeiro impulso será o de te aplicares nos estudos, deixando para trás todos os professores, e começarás a ficar cada mais perto, se souberes *querê-lo* e se souberes buscá-lo e esperá-lo, àquele género de conhecimento que é do apreço, muito do apreço do teu coração. Entre outras coisas, descobrirás que não és o primeiro a quem o comportamento dos homens desconcertou, amedrontou ou até nauseou. Não estás de todo sozinho nesse caminho e sabê-lo servir-te-á de incitamento e de *estimulante*. Muitos, muitíssimos homens sentiram-se moral e espiritualmente perturbados como tu neste momento. Felizmente, alguns souberam lidar com tais perturbações. Aprenderás com eles... se quiseres. Tal como tu, um dia, se tiveres algo para dar, outros aprenderão contigo: é um belo pacto de reciprocidade.

Os homens cultos e preparados, e também inteligentes e criativos, tendem «a exprimir-se com mais clareza e habitualmente têm a paixão de desenvolver os seus pensamentos até ao fim». Não só, mas os estudos poderão prestar a Holden outro serviço: «Se os prosseguires por muito tempo, dar-te-ão a entender o tipo de mente que tens. O que lhe serve e, porventura, o que não lhe serve. Passado algum tempo, começarás a perceber a que espécie de pensamentos deveria ater-se a tua forma específica de mente.» Trouxe esta longa citação porque é difícil encontrar palavras melhores, capazes de exprimir aquilo que também a filosofia, com os seus textos escritos, pode dar a quem pretender debruçar-se sobre eles.

Os textos filosóficos promovem relação com as palavras de outros e lançam o desafio de compreender o que elas querem dizer. Têm a vantagem de poder estar presentes à nossa frente com continuidade, ao contrário das palavras ditas, que são voláteis e correm o risco de desaparecer ou de enfraquecer. Há maneiras diferentes de ler um texto: num fôlego ou detendo-se, de vez em vez, em pontos que parecem particularmente importantes. E podemos sempre questionar-nos sobre se compreendemos bem ou se não entendemos, e, portanto, reler o texto ou apenas partes dele. Em todo o caso, é sempre o texto na sua permanência a ser o banco de prova que permite verificar se o percebemos, sem a ilusão de o termos compreendido integralmente de uma vez para sempre. Com efeito, é sempre possível que alguma coisa nos escape e que outros leitores sejam capazes de o captar. No caso dos textos filosóficos, depois podemos também perguntar-nos se o que dissemos contém raciocínios justos ou convincentes, ou então raciocínios dissonantes ou frágeis e pouco persuasivos, quando não mesmo falsos, que exigem treino no uso do raciocínio, como vimos no terceiro capítulo. E não só, também podemos tentar perceber as ligações existentes entre os vários raciocínios desenvolvidos num texto filosófico.

3. Na vida quotidiana emergem graves dificuldades de compreensão, sobretudo nas relações entre gerações, especialmente entre pais e filhos, dando lugar, por vezes, a resultados dramáticos, como se encontram representados em inúmeras obras literárias, desde o *Rei Lear* (1606) de Shakespeare e *O Pai Goriot* (1834) de Balzac, até ao *Pais e Filhos* de Turguéniev ou *Pastoral Americana* de Philip Roth. Também neste aspeto a leitura de textos filosóficos pode contribuir para aprender a compreender textos que em boa parte provêm de outras gerações, de um passado por vezes muito distante. De um modo geral, um escrito filosófico pode refletir sobre um problema sem incomodar

filósofos de um passado mais ou menos distante. Ao ler textos filosóficos, descobre-se, porém, que os filósofos acolhem ou refutam amiúde doutrinas de outros filósofos, não apenas seus contemporâneos, mas também do passado. Por vezes, as posições dos filósofos do passado são utilizadas como se fossem posições contemporâneas, quase expressões de um pensamento fora do tempo e, portanto, imediatamente úteis para resolver também os nossos problemas. Quem assume esta postura na busca de soluções verdadeiras para determinado problema considera relevante no passado apenas aquilo que pode contribuir, positiva ou negativamente, para a solução de tal problema, não aquilo que lhe parece irremediavelmente falso ou não ligado logicamente a essa solução. Daqui resulta uma inevitável seleção no seio do texto que deixa de lado outros aspetos considerados irrelevantes para o problema que se está a tentar solucionar ou elementos que poderiam perturbar ou complicar o raciocínio. Estes são, então, postos de lado como destroços do passado, agora inúteis. Assumindo, ao invés, que alguns pensamentos dos filósofos do passado são verdadeiros, só que expressos de forma desadequada, pode-se sentir por vezes a necessidade de reformulá-los para mostrar que são plenamente válidos. Isto é, adota-se o chamado princípio de caridade com base no qual, antes de se pronunciarem vereditos negativos de falsidade, incorreção ou absurdo destes raciocínios, assume-se que os filósofos do passado que os formularam tinham boas razões para afirmarem o que diziam. Tentamos pôr-nos na pele deles, excogitando quais poderiam ser as suas respostas às nossas interrogações ou às nossas objeções. Procura-se reconstruir os seus raciocínios, imaginando quais possam ser as premissas que justificam as suas conclusões ou subindo das conclusões até às premissas não explicitamente formuladas. São operações que, quando bem conduzidas, ajudam a compreender o significado de partes dos textos filosóficos do passado. Não se consegue compreender um texto se não se identificam as características dos raciocínios com os quais os filósofos constroem as suas teorias. Sem esta compreensão não se conseguiria captar o seu aspeto especificamente filosófico.

Às vezes, porém, esta abordagem pressupõe que entre as filosofias do passado – ou pelo menos algumas filosofias do passado ou aspetos delas – e a filosofia praticada em tempos subsequentes existe uma continuidade direta, resultando que aquilo que foi exprimido no passado antecipa, pelo menos em parte, aquilo que se encontra ou se pode encontrar mais bem formulado no presente. Olha-se então para o antes com o olhar do hoje, considerado como resultado que cumpre, em parte ou totalmente, o passado, expulsando dele tudo o que não faz parte dessa continuidade direta. Pode nascer daqui a ideia de que o passado contém as raízes do presente, quase como se fosse uma realidade a partir da qual se desenvolveu posteriormente a planta. É certo que muitas expressões, raciocínios, crenças produzidas pelas filosofias do passado foram-se progressivamente inserindo nos séculos seguintes também na linguagem do dia a dia e nas crenças comuns, sem que tenhamos consciência disso. É suficiente pensar no uso ainda difuso da palavra «alma». Pode-se, certamente, conviver com as próprias crenças, muitos o fazem, sem nunca pô-las em causa: é a atitude chamada conformismo. Contudo, e se estas crenças estivessem erradas? É claro que se pode viver sem filosofia e não necessariamente mal, mas por vezes a filosofia é condenada como uma realidade da qual não apenas se pode como se deve prescindir. E, no entanto, ela parece vingar-se antecipadamente desta condenação, sobrevivendo escondida em muitas crenças atuais, motivo pelo qual acabamos por ser quase vítimas inconscientes dela, mesmo quando gostaríamos de efetuar um corte claro com o passado e as suas filosofias. Com efeito, quando começamos a ler textos filosóficos – cuja maior parte vem do passado – podemos descobrir que aquilo que se considera novidade e pertencente só a nós tem, na realidade, um longo passado. Os conceitos são entidades viscosas, que se insinuam mesmo onde menos se espera, e continuam a persistir, porventura inconscientemente camuflados. Crenças consideradas naturais perdem, assim, o seu carácter óbvio, pois surgem como resultado de operações que os incorporaram progressivamente no tecido das crenças quotidianas. Como escreveu Walter Benjamin: «Em cada época é preciso tentar arrancar a tradição do conformismo que se apresta a dominá-la.»

Isso não quer dizer que os filósofos do passado sejam nossos antepassados, uma vez que falar de antepassados faz pensar que somos descendentes naturais deles, como se fossem os nossos fundadores biológicos. Alguns filósofos pensaram isso e consideraram a filosofia como destino do Ocidente. São meros atalhos, que fazem perder a riqueza da diversidade e geram a ilusão de se possuir a pedra angular que segura e explica tudo, mas a história do mundo não é certamente feita só de filosofias, e muito menos só de algumas. Como diz Montale, a história «não avança / nem recua. Muda de carril / e a sua direção / não está no horário.» A filosofia não é nem nunca foi um processo irrefreável. Já o facto de por vezes nos perguntarmos para que serve a filosofia mostra que ela é uma realidade precária, frágil, que pode perder-se se não for mantida em vida. As coisas feitas de materiais sólidos, como edifícios ou estátuas, também podem ser destruídas, mas por vezes as escavações arqueológicas conseguem trazer algumas à luz do dia. Igual destino também podem ter os textos filosóficos redigidos em papiros, manuscritos, livros impressos. É suficiente pensar no poema do latino Lucrécio *Da Natureza das Coisas*, que contém doutrinas incompatíveis com as crenças cristã, cujo manuscrito ficou escondido durante séculos num mosteiro e só no século XV foi descoberto, tornando-se então objeto de leituras ininterruptas. Essencial para manter em vida os textos filosóficos é não só a sua conservação material, mas também continuar a lê-los. O destino da filosofia é hoje confiado aos jovens e a quantos queiram sentir interesse, quando não mesmo amor, por ela. Os séculos subsequentes é que vão beber ao passado e se encarregam de selecionar progressivamente algumas filosofias e expulsar outras e, com base nestas operações, construir eventualmente outras posições filosóficas. Os filósofos do passado escapam sempre de alguma forma aos usos sucessivos, conservam zonas intactas, precisamente porque de vez em vez apenas se vê ou se quer ver alguns aspetos à luz dos próprios problemas. Se pensarmos que a filosofia é uma única e necessária linha contínua, quase como uma espécie de património biológico, corremos o risco de enfraquecer ou até mesmo de anular a dimensão de dissensão, que no capítulo quarto vimos ser uma das características salientes das vicissitudes da filosofia ao longo dos tempos. Num ensaio, Umberto Eco elogia as virtudes do parricídio e do filicídio como marca de água das vicissitudes da filosofia. Mas também se poderia falar de um convite à poligamia, contra as pretensões de atribuir uma única identidade forte à filosofia. Mesmo quando se fala de identidade da

Europa devia-se ter em conta o carácter profundamente fragmentado da sua história, tal como o da filosofia.

4. Analisar as estruturas dos raciocínios dos filósofos é essencial para compreender as suas teses. Mas isso não implica dever renunciar a responder a outra pergunta: porque é que estas teses e estes pensamentos foram formulados e como é que se chegou a formulá-los por escrito. Isso tanto vale para as doutrinas filosóficas do passado que ainda estamos dispostos a partilhar como para aquelas que achamos que devem ser rejeitadas. Regressam então pela porta muitas componentes ligadas à diversidade das épocas em que as várias doutrinas foram formuladas. A filosofia ocidental, com efeito, atravessou múltiplas vicissitudes durante cerca de 2500 anos, a partir da Grécia Antiga e, depois, no mundo romano, no mundo judaico e tocando, de seguida, também o mundo árabe, e, por fim, difundindo-se na Europa moderna e nas Américas. Neste enorme arco temporal, as várias posições filosóficas foram-se construindo não apenas com base em raciocínios que almejam a validade universal e, portanto, desvincularem-se das diferentes circunstâncias temporais, mas também em relação ao tecido móvel e variável da história. Os mundos dos filósofos do passado não eram necessariamente idênticos ao nosso mundo de hoje, que, de resto, também não é um conjunto homogéneo, mas um território sulcado por posições alternativas, às vezes radicais. Podemos, então, dar-nos conta da importância de um antigo princípio de método, que consiste em não atribuir a um autor – partindo das suas asserções – premissas ou conclusões que ele não tenha explicitamente formulado. Trata-se, ao invés, de tentar compreender não apenas a estrutura dos seus raciocínios, mas também por que razão, nas suas específicas circunstâncias históricas, ele pôs a si mesmo determinados problemas e com base em que instrumentos então disponíveis tentou responder-lhes. E se, de seguida, determinados problemas voltaram a apresentar-se, trata-se de tentar perceber por que razão tal acontece no contexto de circunstâncias históricas diferentes, a não ser que se queira avançar com a hipótese exigente, difícil de provar, de que se trata de problemas eternos, radicados numa hipotética «natureza» humana, quase fora do tempo, ou um resultado necessário da evolução biológica. Alguns exemplos,

formulados no quinto capítulo mostraram que um problema que parece o mesmo – por exemplo, o da identidade pessoal – se foi modificando à luz dos desenvolvimentos das ciências biológicas.

Ao longo dos séculos mudaram as fisionomias dos mundos no contexto dos quais os filósofos construíram as suas doutrinas, mudaram as condições políticas, sociais, económicas, religiosas. Diferentes são, portanto, as crenças dominantes nos vários períodos em relação às quais os filósofos tomaram posição, confirmando-as ou distanciando-se delas. De uma maneira ou de outra, os filósofos tiveram de lidar com a existência de diferenças sociais, por vezes radicais, como entre homens livres e escravos. Assim, para os filósofos antigos o modelo mas elevado de homem, isto é, do indivíduo que realiza da melhor maneira as potencialidades próprias da natureza humana, não podia obviamente ser representado pelo escravo, mas também não podia sê-lo pelo guerreiro ou pelo bom cidadão. Esse modelo era o próprio filósofo, o homem dedicado à busca do saber e da sabedoria. A este modelo apenas poucos podiam adequar-se: os filósofos antigos não propunham um ideal moral universal, ao qual todos os homens pudessem e devessem aceder em diferente medida, muito menos as crianças, as mulheres e os escravos. Por outro lado, na *polis*, privada de estruturas coercitivas de poder e de autoridades religiosas, como uma igreja, a reflexão ética e política não punha no centro – como acontecerá por vezes na idade moderna – as noções de dever ou de obrigação de obediência a uma autoridade, não apenas externa, mas também interna, como a consciência. A atividade filosófica assumiu formas diferentes segundo a peculiaridade dos Estados no seio dos quais pôde ser praticada. Tais formas vão desde o extremo da liberdade até ao extremo da censura e da perseguição, facto que nos ajuda a ter consciência de que os escritos de filósofos pertencentes a determinados momentos históricos podem também conter hesitações ou dissimulações para evitar eventuais censuras e castigos. Além disso, um mundo politeísta como aquele em que se moviam os filósofos antigos era muto diferente, e diferentes eram os mundos gerados pela irrupção do cristianismo e, em geral, das religiões monoteístas. No âmbito cristão, começa-se a delinear um modelo de vida que encontra realização completa numa existência ultraterrena, à qual o cristão se prepara já na terra como simples viajante, *viator*.

Pode levar-nos por vezes a rejeitar a ideia de que o homem, unicamente com a força da sua razão, pode alcançar verdadeiro conhecimento e felicidade autêntica, mais bem assegurados pela revelação e pelos mandamentos divinos contidos no texto sagrado. Nestes contextos, se a filosofia ainda for praticada, é-o não para pôr em causa ou desacreditar a revelação e tais mandamentos, mas para justificar a sua verdade ou congruência também a partir da simples investigação racional.

Até os conhecimentos científicos que os filósofos foram progressivamente encontrando à sua frente sofreram ao longo dos séculos desenvolvimentos e transformações, por vezes radicais, que eles não podiam deixar de ter em conta. Também diversificada ao longo dos séculos foi a figura do filósofo e os contextos institucionais em que ele intervinha: desde as antigas escolas filosóficas livres, puramente privadas, até à instituição das universidades na Idade Média, com emissão de diplomas de estudo, as quais permaneceram até hoje como sedes institucionais para o ensino da filosofia. Consequentemente, diversificados eram e são os destinatários do ensino filosófico e dos escritos dos filósofos, que assumiram formas literárias diferentes também em relação a estes diferentes ouvintes ou leitores, desde o diálogo até ao poema filosófico, passando pelo tratado e pelo ensaio, bem como pelos artigos em revistas especializadas. Ter em conta todas estas variáveis, como se configuraram ao longo do tempo, ajuda a perceber melhor o que é que foi dito ou escrito e porquê e como foi dito ou escrito, com que formas de raciocínio, com que estratégias retóricas de persuasão, em que contextos polémicos. É difícil que qualquer leitor seja capaz de captar por si próprio imediatamente estes numerosos aspetos: auxílios nesta direção, para uma mais plena compreensão dos textos filosóficos, podem vir das introduções a tais escritos, das histórias da filosofia e dos estudos sobre cada um dos filósofos.

Para compreendermos o porquê de determinadas teses filosóficas, podem ser relevantes também raciocínios que atualmente podem parecer falsos ou incorretos. O facto da reconstrução racional de certas argumentações formuladas por filósofos do passado mostrar, à luz de uma análise lógica mais astuta, as falhas e os erros em que caíram, induz-nos a questionar ainda mais radicalmente o motivo de terem sido avançadas. Até o que é negativo pode ajudar a compreender tal motivo. Caso contrário, nunca se poderia estudar Hitler e deveríamos ocupar-nos unicamente de santos e de raciocínios perfeitos. É inevitável, então, que assuma relevo não apenas aquilo que é idêntico em nós, as crenças ou as convicções que nós ainda hoje defendemos, mas também – e porventura mais – aquilo que é diferente, aquilo que mudou. Juntamente com as semelhanças ou identidade não se pode também deixar de atribuir um lugar decisivo às diferenças, se pretendermos compreender os outros e «respeitá-los» na sua alteridade. Por mais numerosas que sejam as características semelhantes, físicas e mentais, existentes entre pai e filho, elas não traduzem nunca uma completa identidade. Quando se lê o texto de um filósofo do passado, sobretudo de um passado muitíssimo distante, não podemos iludir-nos, identificando-nos completamente com ele. No fim de contas, se eu, por exemplo, ler e estudar o texto de um filósofo grego, continuo a ser um indivíduo nascido em Itália, numa determinada família, que recebeu uma certa formação, que viveu determinadas experiências, que nutre certos interesses, tudo coisas que me diferenciam do autor grego. Mas isso não significa que eu, tendo consciência destas diferenças, não possa procurar, e eventualmente conseguir, compreendê-lo, pelo menos em alguns aspetos, tal como pode acontecer, às vezes mas não sempre, entre pais e filhos ou alunos e professores. Olhando para o passado, somos postos perante o facto de ter sido possível pensar as coisas de maneira diferente de nós. Quão importante seja na vida de todos os dias reconhecer que é possível pensar de maneira diferente, podemos constatá-lo continuamente. Se fôssemos ao passado em busca unicamente dos nossos próprios problemas e das nossas próprias respostas, de que serviria olhar para trás? Só para descobrir que os filósofos do passado pertencem à nossa paróquia? Na realidade, o passado, como se disse, não é um conjunto gelatinoso, mas um território sulcado de alternativas, de caminhos percorridos e depois abandonados ou por vezes retomados em novos contextos, que modificaram e, eventualmente, complicaram antigos problemas, também à luz, como se viu, dos resultados das ciências, do surgimento de novas crenças religiosas, de novos valores e das mudanças de costumes.

As vicissitudes temporais ajudam também a perceber como se transformaram os significados de palavras importantes. Por exemplo, a palavra *cattivo**, utilizada comummente para julgar negativamente alguém. A palavra vem do latim *captivus*, que significa literalmente «aquele que foi capturado», que foi feito prisioneiro e escravo. Este facto ajuda a compreender que muitos termos que nós usamos para fazermos juízos morais sobre as pessoas têm uma proveniência social, qualificavam originariamente as pessoas na base da posição, alta ou baixa, que ocupavam na pirâmide social. Daqui, seguidamente, foram aplicadas a âmbitos mais gerais da vida humana. Em *O Leopardo* (1958) – o romance de Giuseppe Tomasi de Lampedusa que deu origem ao filme homónimo realizado por Luchino Visconti, com Burt Lancaster, Claudia Cardinale e Alain Delon nos papéis principais –, o padre Pirrone diz a outro sacerdote:

> Já pensaste em quantos nomes de ofícios se tornaram injúrias? Desde os de porteiro, sapateiro e pasteleiro até aos de *reitre* e de *pompier* em francês? As pessoas não pensam nos méritos dos porteiros e dos bombeiros; olham unicamente para os seus defeitos marginais e tratam-nos como maus e presunçosos.

Há muitos exemplos de como os significados originais de certas palavras podem iluminar os significados do seu uso atual. Já vimos que o termo «definição» vem da prática de delimitar os campos para os distinguir dos que pertenciam a outros. Vejamos também a palavra italiana *concordia* [«concórdia», em português], que é simplesmente decalcada do latim. No grego antigo corresponde ao termo *homonoia*. Isto quer dizer que no mundo grego a convergência e o acordo entre pessoas tinha a sua base no *nous*, no intelecto, enquanto no mundo latino tinha a sua base no *cor* [no «coração»]. Não estamos apenas perante duas conceções distintas, difusas na Antiguidade, sobre qual o órgão do corpo que é a sede do pensamento, o cérebro ou o coração. Com efeito, ainda hoje tendemos a conceber o coração sobretudo como sede das emoções e das paixões, por isso, traduzindo o grego *homonoia* por «concórdia», conferimos-lhe uma tonalidade predominantemente emocional. Pomos, assim, em segundo plano – ou fazemos

* Em italiano é sinónimo de «mau», pessoa má. [N. do T.]

desaparecer por completo – a componente intelectiva, ou seja, aquilo que chamamos concórdia e que era, no mundo grego, em primeiro lugar, a convergência sobre o modo de pensar, mais do que um sentimento de benevolência recíproca. Quando se consegue ler os textos filosóficos nas suas línguas originais, não só antigas, mas também modernas, captam-se detalhes de significado, variadas não apenas no tempo, mas também nas diferentes áreas linguísticas, inclusivamente europeias modernas e contemporâneas. Num mundo que, graças à velocidade de viagens e velocidade de meios de comunicação, tende a ultrapassar fronteiras geográficas, treinos linguísticos deste género não são irrelevantes para compreender os outros. Podemos chegar a perceber que aquilo que pensamos ou cremos não é o único caminho, não é algo de óbvio ou natural, que todos deveriam necessariamente subscrever. Com olhar mais astuto e aberto à variedade dos tempos e dos mundos, podemos dispor de elementos mais ricos para fazermos as nossas escolhas, desde que se queira escolher e não deixar-nos arrastar pela corrente. Graças aos restos arqueológicos e às produções artísticas do passado, consegue-se entrever como se vivia no passado, onde se morava, quais eram as atitudes religiosas, como eram representados os deuses, pessoas e coisas e que sons eram apreciados. Graças aos textos filosóficos, mas não só, também se pode chegar à compreensão de como pensavam, raciocinavam, explicavam o mundo e se explicavam a si próprios. Fazem-se viagens, viagens no tempo, e descobre-se que o passado da Europa e do Ocidente é constituído por muitos territórios próximos e, ao mesmo tempo, diferentes. Na própria cultura ocidental emerge já aquilo que veio a chamar-se «multiculturalismo», isto é, a presença de muitas culturas. Daqui a importância de preservar a sua memória, que permite compreender os outros e, ao mesmo tempo, compreendermo-nos a nós próprios. Dizia Goethe: «Quem de três mil anos / não sabe dar-se conta, permanecerá ignorante nas trevas / vivendo o dia a dia.»

Capítulo 7

COMPREENDER OS OUTROS: OUTROS MUNDOS

1. A filosofia, de que falámos nos capítulos anteriores, cumpriu o seu caminho durante cerca de 2500 anos apenas numa parte do mundo e hoje pode parecer que se trata de uma característica específica da Europa, das Américas e da Austrália. Mas e o resto do mundo? O facto de no resto do mundo não se ter desenvolvido uma filosofia nas formas que assumiu no Ocidente ao longo dos séculos significa que o pensamento esteve completamente ausente nele? Há muito que os arqueólogos mostraram que também nos chamados povos primitivos existem formas de pensamento que, embora sendo diferentes das formas próprias da tradição ocidental, são todavia também elas pensamento, não condicionados por necessidades práticas imediatas. Com efeito, são formas de pensamento que mostram capacidade de observar as coisas e de ordenar os fenómenos observados, estabelecendo relações entre elementos, classificando-os e distinguindo-os, manifestando, assim, modos de conceber o mundo e as relações sociais. Se lermos a famosa obra do antropólogo Claude Lévi-Strauss, *O Pensamento Selvagem* (1962), encontramos documentado como as tribos brasileiras ou australianas dispõem de numerosos termos para indicarem partes de animais ou tipos de folhas, e que inclusivamente conhecem as diferenças mínimas entre espécies botânicas e animais, numa medida que dificilmente

se encontra no mundo ocidental, sobretudo nos homens. Percebeu-se que relegar estas formas de pensamento para um nível infantil, isto é, «primitivo», no sentido de radicalmente inferior, deve no mínimo ser posto em causa. Naturalmente, isso não elimina as diferenças em relação às peculiaridades que o pensamento assumiu no mundo ocidental, em particular, precisamente nas filosofias e nas ciências.

Seria, por outro lado, ilusório, para quem foi formado nos contextos da cultura ocidental, achar que conseguiria identificar-se totalmente com os modos de pensar destas populações. Existe sempre o risco de achar – ao examinar-se as práticas, os cultos, os rituais e as crenças destas populações – que podemos deduzir delas a existência de formas implícitas de pensamento articulado, segundo cânones elaborados no pensamento ocidental. É difícil furtar-se ao risco de projetar sobre elas categorias que lhes são alheias. Também os antropólogos, quando analisam as características do pensamento e da vida destas sociedades, utilizam inevitavelmente mais as linguagens e os conceitos gerados na tradição do pensamento ocidental do que aqueles que são próprios de tais culturas. É através dos seus próprios instrumentos que eles procuram compreender os outros, os quais, por seu lado, se servem dos seus instrumentos para darem a entender ao investigador as características típicas da sua cultura. Lévi-Strauss citava o caso de um indígena que sabia demonstrar ao investigador o funcionamento das regras do casamento e do sistema de parentesco vigentes na sua sociedade, desenhando um diagrama na areia. Observava ele que o pensamento selvagem também segue o caminho da compreensão intelectiva, servindo-se de distinções e oposições.

> É certo – concluía – que as propriedades acessíveis ao pensamento selvagem não são as mesmas às quais se dedica a atenção dos cientistas. Trata-se, de facto, de atitudes que lidam com o mundo sensível a partir de lados opostos: um supremamente concreto e o outro supremamente abstrato, um na perspetiva das qualidades sensíveis e o outro na perspetiva das propriedades formais.

Mas a primeira atitude continua a ser a base para «prover às nossas necessidades essenciais mediante as artes da civilização (agricultura, pastorícia, olaria, conservação e preparação dos alimentos e por aí adiante), enquanto a outra «coloca-se de imediato no plano do inteligível, da qual nasceu a ciência contemporânea». São, portanto, dois tipos de conhecimento distintos, mas ambos positivos. Torna-se então profícuo comparar os modos de vida dos povos primitivos, os seus costumes e as crenças que manifestam, com as características da vida diária dos povos ocidentais, também eles permeados por crenças de variado tipo, religiosas, sociais, políticas, ainda mais do que de teorias filosóficas. Estas comparações podem mostrar – se houver consciência de terem sido conduzidas com instrumentos também filosóficos próprios da cultura ocidental – aspetos das visões do mundo peculiares de tais culturas.

Vivemos, atualmente, num mundo em que, graças às viagens e à velocidade de comunicação, assegurada por meios de locomoção e instrumentos informáticos cada vez mais poderosos, a possibilidade de contacto se alargou de forma desmedida. Mas isso não garante a facilitação das capacidades de compreensão.

> Não é verdade – dizia Ennio Flaiano em *Diario degli errori* (1976) – que a facilidade das comunicações acresça a capacidade de conhecer ou afine a cultura do viajante. Aliás, a facilidade de transporte de um lugar para o outro embota o valor da surpresa e dá-nos como adquiridas conquistas que outrora se desejavam longamente [...]. Atualmente, para os viajantes, as cidades desconhecidas são como bairros nunca visitados das suas próprias cidades, das quais se avaliam tão-somente os recursos de alojamento e as ofertas de prazer, não havendo quase nunca tempo para vê-las como mundos novos que devem ser conhecidos com uma carga de espanto e de amor. Os aeroportos substituem as catedrais, os hotéis os mosteiros e as compras, o conhecimento.

Noutra obra, *La solitudine del satiro* (1973), observava:

> O turista é um ser privilegiado que não se deixa ferir pelo que vê, pelas pessoas, sobretudo pelas pessoas que continuam a viver nos lugares que ele fotografa e que por vezes leva uma vida inteira a penetrar-lhes o mistério. Um turista recolhe documentos que comprovarão a sua viagem, mas seria muito fácil provar-lhe que, na realidade, nunca se mexeu.

Quem vive intencionalmente durante bastante tempo no seio de outros povos faz a experiência de quão diferentes são os seus modos de pensar. A dinamarquesa Karen Blixen viveu muitos anos no Quénia, ocupando-se de uma plantação de café. Desta experiência nasceu o livro *África Minha* (1937), que em 1985 deu origem ao filme homónimo de Sidney Pollack, com Meryl Streep e Robert Redford. «Não era fácil – observa Blixen – conseguir conhecer os indígenas, eram rápidos a escutar, mas evanescentes.» Era quase impossível receber respostas diretas por parte deles. À pergunta sobre quantas vacas tinha, o indígena respondia de maneira elusiva: tantas quantas ontem. «Era contra os modos europeus ouvir uma resposta deste género, tal como era contra os costumes dos indígenas ser-se interrogado daquela maneira.» Da sua participação ao lado dos árabes na luta contra os turcos durante a Primeira Guerra Mundial, Thomas Edward Lawrence, o famoso Lawrence da Arábia, nasceu o livro intitulado *Os Setes Pilares da Sabedoria* (1922 e, em edição renovada, 1926). O convívio prolongado com pessoas daquele mundo tão diferente levou Lawrence a pôr dramaticamente em discussão a sua identidade europeia, mas ao mesmo tempo a impossibilidade de se identificar com esse mundo. Eis como ele interpretava o seu modo de pensar:

> Povo de cores primárias, ou melhor, de brancos e negros, viam o mundo desenhado com cores precisas. Dogmáticos por natureza, desprezavam a dúvida, a nossa moderna coroa de espinhos [...]. Conheciam apenas a verdade e a mentira, a fé e impiedade, sem o nosso ambíguo cortejo de nuances [...]. O pensamento deles só está à vontade nos extremos. Viviam num mundo de superlativos, que eles próprios haviam escolhido [...] nunca se rebaixavam ao meio-termo; seguiam a lógica das suas opiniões contraditórias até ao absurdo, sem se darem conta das incongruências.

Não sentiam compaixão, eram capazes de crueldade, sentiam o máximo do prazer na abnegação, em se inibirem voluntariamente de alguma coisa. Foram estes os efeitos que o convívio repetido com eles produziu em Lawrence:

> O esforço de viver durante anos como os Árabes e de imitar a sua mentalidade despiu-me da minha personalidade inglesa e mostrou-me o Ocidente e as suas convicções sob um novo aspeto – que o destruiu completamente aos meus olhos. Mas ao mesmo tempo não soube arabizar-me por completo; era apenas uma simulação minha [...]. Despira-me de uma forma sem assumir a outra, reduzindo-me como o caixão de Maomé na lenda, e sobreveio-me um sentimento de desolação em toda a minha vida e um intenso desprezo não pelos homens, mas pelas suas ações.

Quando no fim da luta percebe que as promessas de independência dos ingleses aos árabes são falsas, conclui amargamente: «a presunção de chefiar a reconquista nacional de outra raça, a comédia diária com os trajes de outrem, pregando numa língua alheia [...], agora, essa hipocrisia tinha-me abandonado».

A história contada por Philip Roth em *Pastoral Americana* é trágica em resultado da identificação total com a cultura de outro mundo. Uma personagem, o Sueco, outrora atleta universitário admirado e agora homem de sucesso, encontra-se inesperadamente a ter de lidar com um problema que lhe revira a vida. A filha, que se tornou terrorista e é responsável por quatro homicídios, está em fuga e, entretanto, tornou-se adepta do jainismo, uma religião indiana:

> Usavam um véu para não fazer mal aos organismos microscópicos que se encontram no ar que respiramos. Não tomava banho porque venerava todas as formas de vida, incluindo os parasitas. Não se lavava, disse, para não «fazer mal à água». Não caminhava quando escurecia, nem no seu quarto, por receio de esmagar algum ser vivo. Explicou que havia almas aprisionadas em todo o tipo de matéria: quanto mais baixa for a forma de vida, maior é o sofrimento da alma que nela se encontra presa. O único sistema para libertar-se da matéria e alcançar aquilo que ela descreve como «a bem-aventurada autossuficiência por toda a eternidade» consistia em tornar-se aquilo que designava como «uma alma perfeita». Só se alcança esta perfeição através dos rigores do ascetismo e da renúncia a si próprios e graças à doutrina da *ahimsa* ou da não-violência.

Perante estas duas escolhas da filha, o terrorismo e o jainismo, ele pressente que na sua origem está o demónio da ânsia de totalidade: «uma filha que devia ser violentamente contra tudo aquilo que via ou pateticamente *a favor* de todas as coisas, até dos microrganismos no ar que respiramos? O resultado, «numa das suas formas mais dilacerantes», a conversão religiosa, estava ali à sua frente numa filha terrivelmente desnutrida.

Naturalmente, não é de acreditar que para quem pertence a outros mundos culturais seja por sua vez fácil compreender os ocidentais, sobretudo quando estes referem ou apresentam coisas de que não têm experiência. John Locke, filósofo inglês do século XVII, em *Ensaio sobre o Entendimento Humano* (1690) conta que um embaixador holandês, em conversa com o rei de Sião, lhe diz que na Holanda a água,

> na estação fria, torna-se por vezes tão dura que os homens conseguem passear por cima dela e que aguentaria até um elefante, se por ali houvesse. Ao que o rei respondeu: até aqui acreditei nas coisas estranhas que me dissestes, pois considero-vos homem sensato e honrado: mas agora tenho a certeza de que mentis.

Há uma anedota que fez rir o filósofo Immanuel Kant:

> Em Surate, um inglês abre uma garrafa de cerveja, fazendo espuma abundante. A um indiano que se espanta perante o sucedido, o inglês pergunta o que vê de tão estranho. – O que me impressiona não é que a espuma saia da garrafa desta maneira – respondeu o indígena –, mas como conseguiste pô-la lá dentro.

Todavia, o que pode resultar incompreensível e inaceitável são sobretudo crenças e modos de pensar. No romance *Passagem para a Índia* (1924) de Edward Morgan Forster, um professor inglês estreita laços de amizade com o doutor Aziz, indiano maometano, não hinduísta. Este é acusado de assédio por parte de uma inglesa, que depois se retrata da acusação, e a amizade entre os dois estraga-se. Quando voltam a encontrar-se, Aziz pergunta ao outro se este tem filhos, e ele responde negativamente. Então, Aziz observa que o seu nome morrerá completamente, coisa que o professor reconhece, mas Aziz abana a cabeça e afirma: «Esta indiferença é uma coisa que o oriental jamais compreenderá.»

2. Como tentei mostrar no terceiro capítulo, a filosofia produz, sim, visões do mundo, mas caracteriza-se sobretudo pelos modos particulares em que as produz, ou seja, mediante raciocínios de variado tipo. Não só isto como, como já sublinhei no quarto capítulo, estas visões são múltiplas e por vezes radicalmente diferentes umas das outras. Mas tal não significa que a filosofia ocidental se deva furtar a comparações para ser posta num pedestal de superioridade. Os termos de comparação devem ser procurados, antes de mais, em culturas que tenham também elaborado de maneira articulada múltiplas formas de pensamento, exprimindo-as também sob a forma escrita. A partir destas comparações podem resultar mais claros também os caminhos seguidos e as escolhas que se foram progressivamente construindo no seio da cultura ocidental. Nesta perspetiva, emerge a centralidade sobretudo da Índia, da China, do Japão e do mundo islâmico. Este último teve desde bem cedo, há mais de um milénio, contactos diretos complexos com a filosofia elaborada no mundo grego, descrita com o termo *falsafa*, decalcado diretamente do grego. Por sua vez, as elaborações filosóficas no mundo islâmico exerceram uma influência significativa, através de traduções em latim dos seus textos, na atividade filosófica do ocidente medieval. É sobretudo com os mundos mais distantes da Índia e da China que se trata de estabelecer comparações para ver se há semelhanças ou diferenças.

Os antigos filósofos gregos pensavam, não raramente, que também entre os povos do Médio Oriente, em particular no Egito e na Mesopotâmia, houvesse formas de sabedoria, ainda que quase nunca tenham tido acesso aos textos dessas culturas nas suas línguas originais ou em traduções, excetuando, na idade helenista, o Antigo Testamento traduzido do hebraico para o grego. Por muitos séculos dominou a ideia de que o tempo da filosofia era mais amplo do que o da filosofia grega e que, aos ombros desta, havia uma sabedoria ainda mais antiga, própria também de outros povos. Poucas foram as exceções, antes de mais Roma, onde o olhar dirigido do exterior para o mundo grego levou a afirmar o carácter peculiarmente grego da filosofia e, em simultâneo, a torná-la familiar. A partir daqui construiu-se uma ideia de continuidade entre Grécia e Roma que progressivamente se transformou numa ideia de continuidade entre mundo antigo (englobando Grécia e Roma) e o Ocidente moderno. Também na idade moderna, todavia, continuou a sobreviver a ideia da existência de uma antiga sabedoria oriental que teve o seu ponto alto no mundo judaico. Lentamente, porém, chegou-se ao conhecimento das línguas e dos textos em que estas antigas sabedorias foram expressas. Tal aconteceu, primeiro, com as missões dos jesuítas na China a partir do século XVI e, depois, com o domínio inglês na Índia. Foi então possível começar a cotejar a filosofia tal como esta se desenvolveu no Ocidente com estas formas de sabedoria. Existiriam características comuns ou eram coisas radicalmente diferentes? É possível encontrar uma definição única de filosofia, capaz de as cobrir a todas? A partir sobretudo do século XVIII impôs-se progressivamente na Europa a convicção de que a filosofia teve origem na Grécia Antiga e depois se tornou característica exclusiva da Europa e do Ocidente, por isso estas formas de sabedoria oriental eram não só diferentes, mas também claramente inferiores à filosofia. E essa convicção também hoje não é rara. Amiúde, trata-se de discussões que pretendem atribuir nobreza e superioridade ao Ocidente. A consequência é que a própria noção de filosofia ocidental fica reduzida a poucos elementos considerados essenciais, sem ter em conta o facto decisivo de que são múltiplas e, frequentemente, alternativas as noções de filosofia que se fizeram valer no seio do mundo ocidental.

Mas também para chineses, japoneses e indianos, desde que entraram em contacto mais direto com as filosofias do Ocidente, sobretudo a partir do século XIX e, depois, do século XX, se pôs o problema de compreendê-las e de compará-las com as suas formas de pensamento. Na Índia encontra-se amiúde usado como equivalente de «filosofia» o termo já existente de *darsana*, que significa «visão», «modo de ver», «intuição», para descrever as doutrinas das várias escolas filosófico-religiosas indianas. Depois dos contactos com o Ocidente, este termo assumiu um significado positivo, contraposto à filosofia ocidental, para indicar a visão direta, imediata e intuitiva da autêntica realidade. É a visão justa, porque tem efeitos positivos sobretudo na conduta prática. Em oposição às preocupações puramente teóricas das filosofias ocidentais, é dado relevo sobretudo à experiência, ligada também a práticas meditativas. Deste modo, o Oriente espiritual e religioso é, por vezes, contraposto ao Ocidente, considerado um mundo onde reina o materialismo, o hedonismo e o racionalismo, e onde se perdeu o sentido da tradição. A autêntica tradição ariana só é acessível nos antigos textos escritos em sânscrito. Almeja-se, então, o isolamento em si próprios em formas de etnocentrismo, mas por vezes também a uma regeneração não apenas da Índia, mas também do mundo moderno na sua totalidade. Outras vezes, pelo contrário – seguindo o exemplo sobretudo do Japão –, procura-se encontrar formas de integração entre os dois mundos, tendo em conta sobretudo a superioridade tecnológica e científica do Ocidente.

Também o encontro da China com as formas da filosofia ocidental deu lugar a reações diferentes, acentuando tensões internas do próprio pensamento chinês. Para traduzir o termo «filosofia», Nishi Amane criou em 1874 o termo japonês *tetsugaku*, composto por dois caracteres chineses que significam «estudo» e também «amor» da «sabedoria». O termo foi transposto em 1897 para o termo chinês *zhexue*. Por vezes, sentiu-se a necessidade de conciliar a virtude da humanidade, sobre o qual insiste uma tradição central do pensamento chinês, fundada nos valores familiares e hierárquicos e numa dimensão ritualista, com a exigência de a tornar universal. Neste sentido, o pensamento chinês, especialmente pela centralidade e insistência na dimensão moral da vida humana, pode ser apresentado como vida autêntica, enquanto os ensinamentos do Ocidente resultantes da sua superioridade científica e técnica teriam somente a função de instrumento. Ao invés, formularam-se, por vezes, também por influência de perspetivas filosóficas e políticas elaboradas no mundo ocidental, críticas radicais ao pensamento chinês tradicional, visto como travão do desenvolvimento económico e militar e da modernização. De facto, a figura tradicional dos literatos chineses, funcionários do Império, sofreu uma transformação radical com a fundação das universidades e a consequente mutação do sistema educativo sob influência do modelo ocidental.

O próprio Oriente, portanto, quebrou as barreiras: a comparação com outros mundos é ineludível, ainda que não raramente dramática.

Mostra-o também o caso do pensamento islâmico destes últimos dois séculos, tal como se desenvolveu nos países do Mediterrâneo, mas também na Pérsia, na Índia ou Paquistão. Ele não se apresenta como uma especulação desinteressada puramente teórica, mas é permeada por duas características fundamentais: a amálgama com o Islão, isto é, com uma conceção religiosa total do mundo, do homem e da sociedade, e a preocupação com os problemas criados pela situação histórica dos países islâmicos, sobretudo em relação ao Ocidente. Também aqui nos encontramos perante respostas múltiplas, segundo um amplo espetro, que vai desde a recuperação positiva de métodos, temas ou aspetos das filosofias ocidentais, até a posições minoritárias que tendem a separar a esfera política da esfera religiosa, enquanto outras insistem na superioridade da sua identidade religiosa e cultural e na rejeição e na luta global contra o Ocidente.

3. Os estudos modernos sobre o pensamento destas civilizações têm consciência das dificuldades para encontrar nas línguas europeias modernas correspondentes linguísticas unívocas para termos usados em tais culturas e da necessidade de não perder pormenores e aspetos presentes nelas e ausentes, ao invés, nos equivalentes europeus. Fica sempre em aberto a possibilidade de não se alcançar uma compreensão total, mas isso não significa não compreender de todo. Não tendo as competências linguísticas que me permitam aceder aos textos escritos, limitar-me-ei a recuperar algumas considerações e exemplos tirados dos estudos modernos sobre tais questões.

Difundiu-se pelo Ocidente a tese de que as únicas línguas adequadas ao filosofar seriam o grego e, eventualmente, uma ou outra língua europeia, por exemplo, o alemão ou o inglês, enquanto as outras línguas, incluindo algumas europeias, como o português ou o italiano, não o seriam de todo. Por vezes defendeu-se que a língua árabe e, em geral, as línguas semíticas, por quase não terem sintaxe nem aquelas conjunções que estabelecem relações abstratas gerais entre partes do pensamento, seriam incapazes de desenvolver raciocínios abstratos gerais, coisa que seria, ao invés, peculiar das línguas indo-europeias, incluindo o grego, o latim e as línguas europeias modernas. Na realidade, aquilo que pode ser dito numa língua também pode ser dito noutra, eventualmente com outros meios, com uma frase no lugar de uma palavra ou vice-versa, e isso não significa que uma seja adequada ao pensamento e a outra não. Também em relação à língua chinesa se quis defender que era desadequada ao filosofar, dado o carácter ideográfico da sua escrita, em que cada sinal ou imagem indica um determinado objeto, e não noções gerais. Como a escrita chinesa permaneceu inalterada durante milénios até comparecer sob a mesma forma nos ecrãs do computador, ficou-se com a ideia de que o pensamento por ela expresso teria ficado inerte e inalterado ao longo dos séculos. Mas alguém observou que, na realidade, no chinês conta também como se pronunciam os vários caracteres. O facto de ter uma componente fonética maior do que se pensava aproxima-a das nossas escritas.

O primeiro dado óbvio é que o pensamento indiano e o pensamento chinês atravessaram quase três milénios, dando lugar a uma pluralidade de correntes, amiúde alternativas, tal como no Ocidente. Por outro lado, também como no Ocidente, os conteúdos de pensamento de tais correntes encontraram expressão em textos escritos, por vezes anónimos, mas amiúde formulados também na primeira pessoa, fosse para reivindicar uma originalidade própria, fosse para apelar às tradições em que se queriam inserir. Na Índia, tal como no Ocidente, o pensamento encontrou expressão não apenas no sânscrito, mas também em vários outros dialetos. Também neste caso, como por vezes no Ocidente, têm importância central os textos canónicos da tradição. Estes, por seu lado, e ao longo dos séculos, dão origem a inúmeros comentários que não pretendem introduzir novidades doutrinais, mas apresentar de maneira mais clara e articulada as mensagens contidas nesses textos. É nesta operação que os vários autores afirmam a sua originalidade, mais do que na pretensão de introduzirem inovações radicais ou de fazerem progredir o pensamento. Também na China se assiste à tendência para reconduzir as origens de uma doutrina à revelação de um líder fundador. É por isso que a reflexão sucessiva ambiciona recuperar aquilo que já os mais antigos sábios sabiam. A validade de uma doutrina baseia-se, portanto, mais na autoridade da sua origem do que unicamente na força das suas argumentações em seu favor. Mas isso não significa que o conhecimento contido nela não seja sempre considerado perfeito. Não é exato afirmar que na China a ênfase foi posta em seguir o passado, aliás, houve mesmo um amplo debate sobre as razões para o seguir.

Da mesma forma, outras características que pareciam peculiares da filosofia no Ocidente, como a formulação de perguntas, os debates e a dissensão, não são de todo estranhas ao pensamento indiano e ao pensamento chinês, embora às vezes pareçam ter objetivos predominantemente diferentes daqueles que o Ocidente pretende alcançar. Nos textos indianos mais antigos colocam-se perguntas de tal modo que as respostas a elas nem sempre parecem pressupostas, enquanto em textos mais recentes se presume amiúde que pelo menos um dos participantes do diálogo esteja na posse da verdade completa e última. Nos textos budistas mais antigos, as perguntas têm a função primária de criticar o próprio desejo de conhecer, mostrando a sua irrelevância para o objetivo da salvação. As doutrinas rivais são objeto de confutação, com a finalidade de clarificar e justificar as suas posições precisamente através da discussão com as outras, para traçar uma linha de separação entre o próprio ensinamento e o das outras. Por vezes, ao invés, estas verdades são vistas como verdades parciais englobadas numa perspetiva mais global. Também na China a crítica das posições dos outros se baseia em primeiro lugar não no facto de elas não captarem a verdadeira realidade das coisas, mas em razões morais e políticas, por ignorarem os modos de comportamento e se mostrarem inúteis para lidar com as questões de governo. O critério de base que guia estas críticas é, sobretudo, a utilidade, mais do que a verdade. Uma doutrina errada é um perigo não tanto porque contém raciocínios errados, mas porque conduz a ações funestas. Assim, as disputas não se dão tanto em torno dos conceitos, mas tornam-se ataques aos porta-vozes de tais doutrinas, com o objetivo de convencer o imperador ou os seus ministros, mostrando que a sua posição está de acordo com a tradição.

O facto de numa língua determinado termo estar ausente não significa que a noção que lhe é correspondente também esteja ausente. Por exemplo, para exprimir a ideia de existência, os chineses não têm um verbo com a mesma abrangência de significados do nosso verbo ser, e, todavia, têm um termo que serve muitíssimo bem para indicar, em muitos contextos, aquilo que existe. Do mesmo modo, não existe um termo único correspondente ao grego *techné* ou ao nosso «técnica», mas uma multiplicidade de termos que sublinham, cada qual, um aspeto dela, como a destreza e a habilidade ou os procedimentos seguidos, etc.

É errado, aliás, pensar que diferenças na sintaxe, isto é, nos modos em que os termos e as proposições estão ligados entre si, indicam graus maiores ou menores de racionalidade: trata-se, ao invés, simplesmente de modos diferentes de raciocinar. Na língua chinesa estão presentes expressões correspondentes aos nossos «portanto», «por isso», «por esta razão», mas o modo como são usados é diferente. Para nós, indicam que a partir daquilo que foi dito resulta uma consequência ou que aquilo que foi dito antes explica o que se segue. Nalguns textos do pensamento chinês, ao invés, tais termos – por exemplo, o termo *gù*, amiúde traduzido como «razão» ou «causa» – sublinham as associações e correlações que unem as coisas umas às outras e governam as suas transformações. Tanto na Índia como na China foram levadas a cabo reflexões sobre a linguagem e sobre os raciocínios, exatamente como na filosofia ocidental. Ainda que tais reflexões não tenham confluído na construção de uma lógica formal, isto é, na análise das formas válidas de raciocínio, independentemente dos conteúdos específicos a que eles se podem referir. Por vezes, as reflexões sobre a linguagem chegaram a pôr em relevo paradoxos ou dificuldades. Um conto chinês fala de um artesão que publicitava as lanças e os escudos que forjava dizendo que as lanças furavam qualquer coisa e os escudos resistiam a tudo o que os tentasse perfurar. Mas alguém lhe perguntou: o que acontece se uma das suas lanças atingir um dos seus escudos? Foi assim posta em relevo a incompatibilidade ou contradição das palavras do artesão, que só pode ser ultrapassada quando não se atribui a «qualquer coisa» um significado rígido, mas se admite, ao invés, a possibilidade exceções. Recordemos o que foi dito no segundo capítulo a propósito da palavra «todos». Um famoso paradoxo chinês diz o seguinte: «cavalo branco não é cavalo». Imaginemos um diálogo entre duas personagens em que uma pergunta se tal é admissível e a outra responde que sim, e, à pergunta de como tal é possível, a outra responde: a palavra «cavalo» indica uma forma, uma figura, enquanto «branco» indica uma cor. Ora, aquilo que denota a cor é diferente daquilo que denota a figura, portanto, «cavalo branco» não é a mesma coisa que «cavalo». O outro interlocutor, ao invés, faz valer as razões do senso comum, e, por isso, é claro que um cavalo branco é um cavalo. Mas o facto é que o primeiro interlocutor fala de nomes e definições corretas, querendo sublinhar que a palavra «cavalo» dá uma informação genérica sobre a forma ou figura dessa entidade, mas não fornece ulteriores características. Ao invés, a expressão «cavalo branco» fornece duas características (forma e cor) e, portanto, circunscreve o conjunto dos cavalos que devem ser tomados em consideração. Portanto, dizer «cavalo» ou «cavalo branco» não é exatamente a mesma coisa. Conta-se que um fulano, dono de um cavalo branco, usou este paradoxo para não ter de pagar as taxas alfandegárias do cavalo, mas não teve êxito, porque não conseguiu convencer o inspetor, que o obrigou na mesma a pagar. Situação análoga é referida em relação à Grécia Antiga, quando, para confutar um filósofo que defendia que o movimento não existia, que era uma mera ilusão, outro filósofo se pôs simplesmente a caminhar. A China também conheceu figuras equiparadas aos que no Ocidente são designados de sofistas, em sentido pejorativo, os quais, para convencerem os seus interlocutores ou confutarem os seus adversários, recorrem a todos os meios, inclusivamente a truques linguísticos e a raciocínios errados ou aparentemente válidos, mas considerados eficazes em circunstâncias específicas e em momentos oportunos. Na China eram geralmente desaprovadas estas formas de raciocínio sofista, não tanto pelo facto de serem erradas ou capciosas (como também não se deixava de o sublinhar), mas pelo facto de serem formas de mau comportamento, moralmente deplorável.

4. A insistência na eficácia prática da palavra que convence liga-se a outro aspeto do pensamento chinês. No Ocidente, sobretudo na Antiguidade, era central para a filosofia a questão de como se deve viver, sobre qual a melhor forma de vida. Este aspeto é decisivo também no pensamento chinês e exprimia-se, por exemplo, desde as épocas mais antigas, na preocupação de como um indivíduo deve cultivar-se para se preparar para ser conselheiro de um soberano. Aquilo que conta numa árvore não é a espécie a que pertence, mas o modo como cresce. Aquilo que para os antigos chineses distingue os seres humanos de outros animais não é tanto a razão, mas a moralidade, a capacidade de assumir comportamentos bons. O termo *dao* indica o caminho justo

da vida, que não está traçado de antemão, mas que os sábios seguem espontaneamente e os outros se esforçam por seguir: o teu caminho não é quem és, mas o que fazes. Trata-se de uma metáfora do «caminho», que, como se disse, está presente também na nossa palavra «método», mas com uma ênfase na componente intelectual e cognoscitiva, enquanto no pensamento chinês parece prevalecer a componente moral. Daqui resulta também a relevância atribuída pelo pensamento chinês ao comportamento ritual, que confere uma qualidade estética a gestos e comportamentos; mas não é uma etiqueta puramente exterior, é, sim, a marca de água que distingue a civilização da barbárie. Outra corrente considera, ao invés, que para aceder ao *dao* é preciso assumir uma atitude de «não-ação», em relação à qual a linguagem não pode desempenhar qualquer função positiva, já que não pode dizer nada sobre a natureza das coisas. Trata-se, pelo contrário, de aprender um saber fazer que não se transmite por palavras e de olhar para as coisas como se se tratassem de um espelho, não para nos apropriarmos delas, mas para nos sabermos distanciar. Esta ideia da não-ação encontra-se, de resto, na base das chamadas artes marciais: a palavra *iudo* é a pronúncia japonesa de *roudao*, o caminho da ductilidade, por isso a não-ação não consiste em não fazer nada, ou seja, não consiste em cruzar passivamente os braços, mas em abster-se de qualquer ação agressiva, intencional. Na sua base existe uma ideia de ciclo no qual, paradoxalmente, reforçar o poder de um inimigo pode servir, no limite, para apressar a sua queda. Em geral, poder-se-ia, portanto, dizer que no pensamento chinês a ênfase é colocada mais no «saber como», independentemente das diferentes formas que ele pode assumir, do que no «saber que». Naturalmente, este último não está ausente, como também não está ausente a capacidade de tirar conclusões gerais a partir do exame de um caso particular. Os pensadores chineses empenhavam-se no estudo dos vários fenómenos naturais e das relações entre céu, terra e homens, mas não dispunham de um conceito geral de natureza como o que foi elaborado na Grécia Antiga. A sua atenção concentrava-se, sobretudo, na mutação, interpretada não como reestruturação de materiais constantes de base, mas como mutação dinâmica de algo de unitário, uma espécie de sopro ou energia vital. Este era analisado nos dois aspetos complementares e opostos de um processo que ocorre no tempo ou de uma configuração no espaço (ditos *yin* e *yang*), num ritmo cíclico de alternância e complementaridade, não de oposição. Também sobre este ponto eram múltiplas posições assumidas pelos pensadores chineses.

Um exemplo de como noutros contextos culturais se lida com um problema que no Ocidente se apresenta sob determinadas formas é aquele que já foi referido com frequência: o problema da identidade pessoal. Durante milénios, a Índia foi uma sociedade hierárquica, caracterizada por um sistema de castas, em que cada qual só tem realidade em função do todo e cada indivíduo é inteiramente definido pela posição que ocupa no âmbito social. Muitos termos indianos captam apenas aspetos daquilo que nós designamos por «eu» ou «alma», mas nenhum deles o faz integralmente, nem o termo sânscrito *atman* (em língua páli, *atta*), usado como pronome reflexo; ao invés, nós usamos o artigo determinante, dizendo *o* eu ou *a* alma. Abrem-se então duas possibilidades: há um eu para cada pessoa e para cada ser vivo ou há um único e idêntico eu para muitas pessoas ou seres vivos? Na Índia antiga, o termo *atman* não tem qualquer ligação com a identidade ou com a não identidade. Em muitas doutrinas e escolas é motivo recorrente que as pessoas comuns têm geralmente falsas crenças sobre o próprio *atman*, identificam-no erradamente como algo que não o é. Surgiram, então, teorias que defendem que um *atman* é impercetível, pelo menos para os seres comuns, mas pode ser inferido, ou pode ser captado por qualquer um através de uma espécie de perceção interna, algo que se aproxima da nossa noção de consciência. O budismo, ao invés, introduziu na Índia, já nos séculos VI-V a.C., uma perspetiva diferente. Os seus pressupostos centrais são a doutrina das reencarnações sucessivas e a ideia de que tudo é ilusão (*Maya*). Não existe uma linguagem que esteja mais próxima da realidade do que outra. As coisas da nossa experiência comum (casas, plantas ou seres humanos) não são mais do que sucessões de múltiplos e momentâneos acontecimentos psicológicos: por isso, a «casa» é apenas uma palavra, não um objeto estável realmente existente. Deste modo, não existe um eu estável, possuidor e portador de acontecimentos psicológicos contínuos. Consequentemente, a intenção de fazer algo é puramente ilusória, tal como o é toda e qualquer ação. A maior ilusão é precisamente a de que cada qual seja um eu permanente. Trata-se, então, de desenraizar qualquer desejo, isto é, de arrancar o estado de insatisfação próprio de quem fica agarrado e subjugado pelo fluxo constante das coisas. Assim que se apaga o desejo, cessa o ciclo dos renascimentos e isso é sinal de que o *nirvana* – ou pura ausência – foi alcançado. Elaboram-se, então, várias técnicas para seguir este caminho, em particular a disciplina mental que se compendia no conjunto de práticas designadas com o termo *yoga*. São técnicas de respiração, de visualização e de concentração, graças às quais se concentra a atenção de maneira a já não sermos distraídos pela realidade externa (objeto perpétuo de desejo) para alcançarmos o princípio último da sabedoria. O budismo, caracterizado por uma dimensão universalista, que se dirige a todos, distinguindo-se, portanto, do tradicional sistema indiano das castas, difundiu-se, a partir do século I d.C., também na China, dando lugar a várias orientações e à interpretação, por exemplo, do *nirvana* nos termos do conceito de não-ação.

No romance *Kim* (1901), de Rudyard Kipling, encontra-se descrito como o protagonista chega à compreensão deste aspeto saliente da cultura indiana. Kim, um rapazola de rua, de origem anglo-irlandesa, torna-se guia de um lama, um religioso budista, que busca um rio sagrado para se purificar dos seus pecados. Kim é-lhe depois retirado para ser educado na escola inglesa, só que por fim o lama encontra-o de novo e fala-lhe da reencarnação, convidando-o a não «alimentar o fogo do desejo e do afeto, porque o desejo e o afeto não são mais do que ilusão». Eis, então, um diálogo que se enceta entre os dois. Kim: «Portanto, toda a ação é um mal?» Lama: «É bom abster-se de qualquer ação... a não ser que seja com a finalidade de alcançar algum mérito.» Kim: «Ensinaram-nos que abster-se da ação é indigno de um *sahib*. E eu sou um *sahib*.» Lama: «Independentemente da sabedoria que aprendeste com os *sahibs*, quando encontrarmos o meu rio, serás libertado de todas as ilusões, tal como eu.» O reconhecimento de que não existe um eu estável tem consequências importantes do ponto de vista moral, porque não só liberta do medo da morte, entendida como perda do eu, mas tira sentido a qualquer atitude egoísta. É uma doutrina que tem a função de curar e salvar de atitudes erradas. Também nesta perspetiva budista tem grande importância o saber fazer, tal como na tradição mais especificamente hinduísta. Não é por acaso que o pensamento indiano, ao entrar em contacto com a filosofia ocidental, valorizou o conceito de experiência, indicando no hinduísmo a religião da experiência por excelência. O antigo termo *dharma* passou então a ser usado como equivalente do termo ocidental «religião». Tal palavra encerra uma multiplicidade de significados (normas, dever, comando, mas também justiça, piedade, virtude) e refere-se, originalmente, ao princípio de estabilidade, que sustenta a ordem do todo. Assim, significa também regularidade, equilíbrio, norma que reina na natureza, na sociedade e na existência individual, por isso a pessoa que segue o *dharma* manifesta, em simultâneo, a eterna legalidade do todo. Segundo uma certa corrente de pensamento, o núcleo essencial do *dharma* é o *ahimsa*, a não-violência, um aspeto que terá grande importância na obra de Gandhi. Esta ordem é, porém, exclusiva da sociedade *hinduísta*, em relação à qual o *mleccha*, o não ariano, o outro, está por definição excluído, assim como também está excluído da única verdadeira linguagem, o *sânscrito*, a língua dos textos do antigo pensamento indiano, as únicas fontes a partir das quais se pode conhecer o *dharma*. Assim sendo, cada indivíduo tem de realizar as suas ações em concordância com a posição ocupada no sistema de castas, o género e as várias faixas etárias. Daqui resulta a importância das componentes rituais conformes ao próprio estatuto. *Dharma* significa também justiça, mas esta não é objeto de definições ou teorias que digam que coisa é, em geral, a justiça. O significado de justiça resulta, ao invés, de situações particulares de facto. O problema é o que deve fazer um juiz para assegurar que a sua decisão é apropriada ou legal, portanto, «justo» deve entender-se como processualmente correto. Na sua base está a ideia de que o *dharma* é uma forma de ritual. Em certos textos, o procedimento legal chega inclusivamente a ser equiparado ao ritual do sacrifício, em que um erro no ritual vicia o resultado final.

Na China, por seu lado, o eu não é considerado uma espécie de contentor que separa o interior do exterior, e o próprio corpo é visto como uma construção maleável com uma superfície porosa, posta continuamente em movimento e afetada por outras coisas. Aquilo em que se insiste é, portanto, numa continuidade ininterrupta entre o eu, o mundo e os outros, não o seu isolamento. Numa certa tradição a própria humanidade é considerada não como uma realidade acabada, mas como uma realidade que se constrói na relação com os outros seres e na busca de uma harmonia comum, conservando, porém, as relações entre os membros da hierarquia social, relações de tipo ritual que disciplinam as tendências para o egocentrismo, sem qualquer uso da força. Emerge, portanto, também nestas perspetivas, a prioridade da componente prática, do saber fazer, mas com insistência nas ligações de solidariedade para com os outros. Um tema discutido era também o de se saber se os homens são bons ou maus por natureza ou se é necessário um processo educativo para nos tornarmos bons. No primeiro caso, fazia-se uma analogia com a corrente de água no seu fluir, no segundo caso, com a madeira maleável.

Que a tradição continuou ativa também nas discussões modernas constatamo-lo, por exemplo, na consideração do problema da liberdade. Os intelectuais chineses e japoneses viram-se em dificuldade quando encontraram este termo nos textos ocidentais. A palavra foi traduzida em japonês por *riberuqui* e *furidamu* (o segundo termo é decalcado diretamente do inglês *freedom*) e em chinês por *ziyhu*, que significa «agir por si», correspondente ao nosso «espontaneamente». Esta tradução conferiu à palavra um sentido predominantemente individualista, remetendo para um agir segundo os próprios desejos. Na China antiga considerava-se que o grau de liberdade alcançado coincidia com a pura necessidade, não entendido no sentido constritivo, mas no sentido de que o sábio acolhia a realidade, e as coisas como um espelho, sem procurar plasmá-las, limitando-se a refleti-las tal como elas são. Esta ideia foi mais tarde recuperada pela forma de budismo conhecida no Ocidente como *zen*, segundo a pronúncia japonesa. Para esta orientação, a liberdade alcança-se através do esquecimento de si, tornando-se pura espontaneidade. Ela pode ser vivida exclusivamente em termos individuais, através do exercício das práticas de meditação, mas assim torna-se difícil conceber a liberdade também em termos políticos. Por vezes, pode inclusivamente inspirar ideologias totalitárias, segundo as quais o ordenamento político deve vergar-se à ordem cósmica natural, excluindo, portanto, qualquer forma de oposição e contestação.

5. Para o Ocidente o problema da compreensão dos outros mundos tornou-se inelutável: quem somos nós para os outros e quem são os outros para nós? Qualquer pessoa pode sentir-se tentada a instituir um culto do eu, afirmando a sua superioridade sobre todos os outros. Certa vez, Carlo Emilio Gadda explodiu com esta exclamação:

> O eu, eu!... o mais imundo de todos os pronomes... Os pronomes! São os piolhos do pensamento. Quando o pensamento tem piolhos, coça-se, como todos aqueles que têm piolhos... e nas unhas, então... encontra os pronomes, os pronomes pessoais... um eu... pimpão... hirto... empenachado de todo o tipo de atributos... corado, emplumado, teso e inchado... como um peru... numa roda de diplomas de doutorices, de títulos honoríficos... saturado de glórias familiares.

Este primado do eu pode ser reforçado – como dizia ainda Gadda no conto *La cenere delle battaglie* –, pela sensação de enraizamento afetivo «no cepo, santamente agarrados à mãe comum, à cidade, às pessoas, às casas, à pátria, ao adorável campanário de Cormano, que é dois metros mais alto do que o de Brusuglio». O facto é que o eu se caracteriza por uma pluralidade de identidades, insere-se numa série de círculos concêntricos cada vez mais amplos: a família, os amigos, o bairro, a cidade, a nação, a humanidade inteira. O problema é quando se toma consciência de estarmos inseridos no círculo mais amplo, que coincide com a humanidade inteira, ou então quando se interpõem progressivamente barreiras a estes círculos cada vez mais amplos, mantendo fora e considerando até necessariamente hostil e inimigo quem quer que esteja fora, os membros de outras famílias, os habitantes de outras cidades ou de outras nações, os membros de outros grupos étnicos.

Na obra já citada, Lévi-Strauss fazia notar que «as sociedades primitivas fixam as fronteiras da humanidade no limite do grupo tribal, fora do qual elas só veem estrangeiros, isto é, homens inferiores, sujos e vulgares, quando não mesmo não-homens». Foi por vezes sublinhado que habitualmente as línguas dos povos não contêm qualquer palavra para «homem», excluindo o nome tribal com que os vários povos se identificam a si próprios. Outro antropólogo, Clifford Gertz, recorda que na ilha de Java os seus habitantes dizem que ser humano é ser javanês, enquanto as crianças pequenas, os arruaceiros, os malucos, os abertamente imorais são «ainda não javaneses». Não se exclui, porém, que possamos encontrar traços desagradáveis também na nossa identidade, não apenas nas dos outros, e perguntarmo-nos: porque somos assim, o que correu mal ou não funcionou? Cada um de nós, por mais inteligente, forte ou bom que seja, pode facilmente constatar que podem existir outras pessoas mais inteligentes, mais fortes ou melhores do que nós. No filme *Chamam-me Mr. Tibbs* (1967), Virgil Tibbs, um inspetor da polícia negro, interpretado por Sidney Poitiers, que tem de ir a uma cidadezinha racista do Mississípi, mostra a sua superioridade sobre os brancos ao resolver um caso de homicídio. Podemos achar divertido, agradável ou até justo que quem é fisicamente ou mentalmente mais forte – um indivíduo ou um grupo – seja violento com quem é mais fraco. Mas estaríamos dispostos a admitir o contrário, isto é, aceitarmos sofrer violência por parte de quem é mais forte do que nós? Como se pode admitir que esta regra seja verdadeira e valha para todos, mas excluir que valha para nós quando estamos perante alguém mais forte? É claro então que se trata de uma regra oportunista. É um modelo sobre o qual se construíram muitos filmes, atentos às expetativas do público, em que o violento (para obter alguma vantagem para si próprio ou apenas por gosto gratuito ou, no limite, por estupidez) exerce violência sobre quem é mais débil (física ou mentalmente), mas depois é, por seu lado, derrotado por alguém que é fisicamente ou mentalmente mais forte do que ele. Ultimamente são exemplos disto o filme *Harry Brown* (2009), em que o velho reformado Michael Caine, antigo *royal marine*, mora num bairro popular degradado que é dominado por um gangue juvenil de malfeitores que matou um reformado amigo seu e que ele consegue derrotar; ou o filme *The Equalizer – Sem misericórdia* (2014), interpretado por Denzel Washington, que, para defender uma jovem prostituta agredida, derrota um gangue violento da máfia russa.

As capacidades humanas, as qualidades positivas e negativas, estão distribuídas por toda a terra. Demonstra-o o desenvolvimento de formas complexas de pensamento também em países não ocidentais. Diz ainda Levi-Strauss:

É necessária uma boa dose de egoísmo e de ingenuidade para acreditar que o homem está inteiramente refugiado num único dos modos históricos ou geográficos do seu ser, quando, pelo contrário, a verdade do homem está no sistema das suas diferenças e das suas propriedades comuns. Quem pretender instalar-se nas pretensas evidências do eu, nunca mais sai delas. O conhecimento dos homens parece por vezes mais fácil para quem se deixa aprisionar pela identidade pessoal. Deste modo, porém, fecha-se a porta ao conhecimento do homem.

Parece muito distante dos atuais modos comuns de pensar aquilo que dizia o poeta Friedrich Schiller:

> Escrever para uma nação é um ideal mísero e mesquinho, uma limitação absolutamente intolerável para um espírito filosófico, o qual não pode deter-se numa forma tão mutável, fortuita e arbitrária da humanidade, num fragmento (e o que é, senão isso, a nação mais importante?); não pode animar-se a não ser na medida em que esta nação, este acontecimento nacional conta para ele como condição para o progresso da espécie.

Já na Antiguidade os filósofos reconheceram que a identidade e a diversidade são noções relativas, uma não existe sem a outra: posso dizer que sou diferente de outra pessoa porque tenho algo que me pertence só a mim, mas esta pessoa, por seu lado, tem de ter algo que pertence só a ela. Há, porém, dois modos de traçar uma linha de demarcação entre nós e os outros. O primeiro consiste em identificar as diferenças, que vão desde a cor dos cabelos ou da pele até à língua que se fala e aos modos de pensar. Perceber estas diferenças é uma maneira de enriquecer a nossa noção geral de humanidade, que não é feita apenas daquilo que somos. São as vantagens da pluralidade que, como se mostrou nos capítulos anteriores, pertencem à nossa própria cultura e filosofia ocidental, que seria errado reduzir a um denominador comum ou a um único núcleo de pensamento. Pode ser correto usar a palavra «modernidade» para indicar convencionalmente um momento cronológico da história ocidental, que parte, por exemplo, do humanismo, mas querer reduzir a própria modernidade a uma ou poucas características distintivas é enganador, porque também no seio do mundo moderno se encontram alternativas amiúde radicais. As vantagens da pluralidade permitem fugir de um horizonte estritamente paroquial, que reduz tudo a si próprios, e, ao invés, abrir os olhos para o mundo vasto. Por isso, é uma questão irrelevante decidir se as múltiplas formas assumidas pelo pensamento na Índia, na China ou no Japão devem ser reconduzidas ao leito de uma noção rígida de «filosofia», definida segundo parâmetros próprios de certas tradições ocidentais. A filosofia não é um género natural, ao contrário dos choupos ou dos gatos. Aquilo que conta é a multiplicidade das formas de pensamento próprias das várias culturas, que não são entidades fora do tempo e podem ser utilmente comparadas entre si. É, portanto, uma falsa alternativa querer identificar-se com culturas diferentes da cultura ocidental (coisa, de resto, muito difícil, se não mesmo impossível) ou rejeitá-las preconceituosamente a todas só por serem diferentes e considerar que, sendo diferentes, é impossível compreendê-las. As diferenças linguísticas tornam certamente difícil alcançar essa compreensão, mas de facto, tanto a Ocidente como a Oriente, progrediu-se e continua-se a progredir nesta direção.

O segundo modo de traçar uma linha de demarcação entre nós e os outros é dado pela frequente oscilação, mais ou menos deliberada, entre a noção de diferença e as de desigualdade, superioridade e inferioridade. Enquanto o primeiro modo se baseia no reconhecimento de que existem inegáveis diferenças de facto, o segundo baseia-se na afirmação de diferenças de valor. Desigualdade pressupõe diferença, mas diferença não é *ipso facto* desigualdade. Primo Levi dizia:

> Pode acontecer a muitos indivíduos ou povos, mais ou menos inconscientemente, considerarem que «todo o estrangeiro é inimigo». Esta convicção jaz sobretudo no fundo dos espíritos como uma infeção latente e só se manifesta em atos esporádicos e não coordenados, e não está na origem de um sistema de pensamento. Mas quando tal acontece, quando o dogma não exprimido se torna premissa maior de um silogismo, então, no fim da sequência está o *Lager*. Este é produto de uma conceção do mundo levada às suas consequências com rigorosa coerência: enquanto a conceção subsistir, as consequências ameaçam-nos.

E contava:

> Aos jovens nazis, foi-lhes martelado na cabeça que no mundo apenas existia uma civilização, a alemã; todas as outras, presentes e passadas, só eram aceitáveis se contivessem no seu seio algum elemento germânico. Por isso, quem não percebia nem falava alemão era, por definição, um bárbaro; quando se obstinava a tentar exprimir-se na sua língua, aliás, na sua não-língua, era preciso mandá-lo calar à pancada e pô-lo no seu lugar a puxar, carregar e empurrar, pois não era um *Mensch*, um ser humano. Vem-me à memória um exemplo eloquente. No estaleiro, o *Kapo* novato de uma equipa constituída sobretudo por italianos, franceses e gregos, não se apercebeu de que atrás de si se tinha aproximado um dos mais temidos vigilantes das SS. Virou-se de repente, pôs-se em sentido e enunciou a *Meldung* (o relatório) prescrita: «Kommando 83, quarenta e dois homens». Na sua inquietação, tinha dito mesmo «quarenta e dois homens». O militar corrigiu-o num tom rude e paternalista: não se diz assim, diz-se «quarenta e dois *Häftling*», quarenta e dois prisioneiros.

Ainda hoje ressoa, trágico, o protesto do judeu Shylock em *O Mercador de Veneza*, de Shakespeare:

> Um judeu não tem olhos? Um judeu não tem mãos? Nem órgãos, nem proporções, nem sentidos, nem afeições, nem sentimentos? Não se nutre com os mesmos alimentos? Não é ferido com as mesmas armas? Não está sujeito às mesmas doenças? Não se cura com os mesmos remédios? Não é aquecido e enregelado pelo verão ou pelo inverno como qualquer cristão? Se nos picardes, não deitamos nós sangue? Se nos fizerdes cócegas, não nos rimos nós? Se nos envenenardes, não morreremos? Se nos ultrajardes, não nos haveremos de vingar?

Mark Twain, no romance *O Homem que Corrompeu Hadleyburg* (1898), disse: «Eu não pergunto de que raça é um homem; basta que seja um ser humano; nada pode ser pior.»

Mas compreender os outros não significa automaticamente, sempre e em todo o lado, justificar tudo aquilo que os outros dizem ou fazem, por exemplo, infligir práticas dolorosas não apenas aos outros, mas também a si próprios ou exercer violência gratuita. Compreender não significa dizer que não se pode nem se deve discutir se determinados traços da minha identidade ou da identidade do outro não apresentarão mais aspetos positivos. Trata-se, porém, mais uma vez, de argumentar, explicar porquê, avaliar os prós e os contras, sem ceder à desconsolada conclusão de que uma coisa vale a outra. Existem traços comuns à condição humana, tais como ter um corpo e uma mente, a capacidade de falar e de usar instrumentos, ter fome e sede, sofrer, sentir afeto pelos outros, etc. Não quer dizer que o outro tem o mesmo sofrimento que eu, mas isso não significa que ele não sinta ou não possa sentir sofrimento. Existem requisitos mínimos comuns a todas as culturas, apesar das diferenças nos modos de pensar? Partindo da constatação destes traços comuns, a filosofia procura também identificar se existe e em que consiste a dignidade humana, para a salvaguardar em cada um e em todo o lugar. Nasce daqui a questão dos chamados direitos humanos: compreender outros mundos, outros modos de pensar, pode tornar-nos sensíveis também a esta questão.